LE MARQUIS DE T***,

OU

L'ÉCOLE

DE LA

JEUNESSE,

Tirée des Mémoires recueillis par N.-E.-A. DESFORETS, homme-d'affaires de la Maison DE T***.

Dextera præcipuè capit indulgentia mentes ;
Asperitas odium .... movet. Ovid. de *Arte.*

Première Partie.

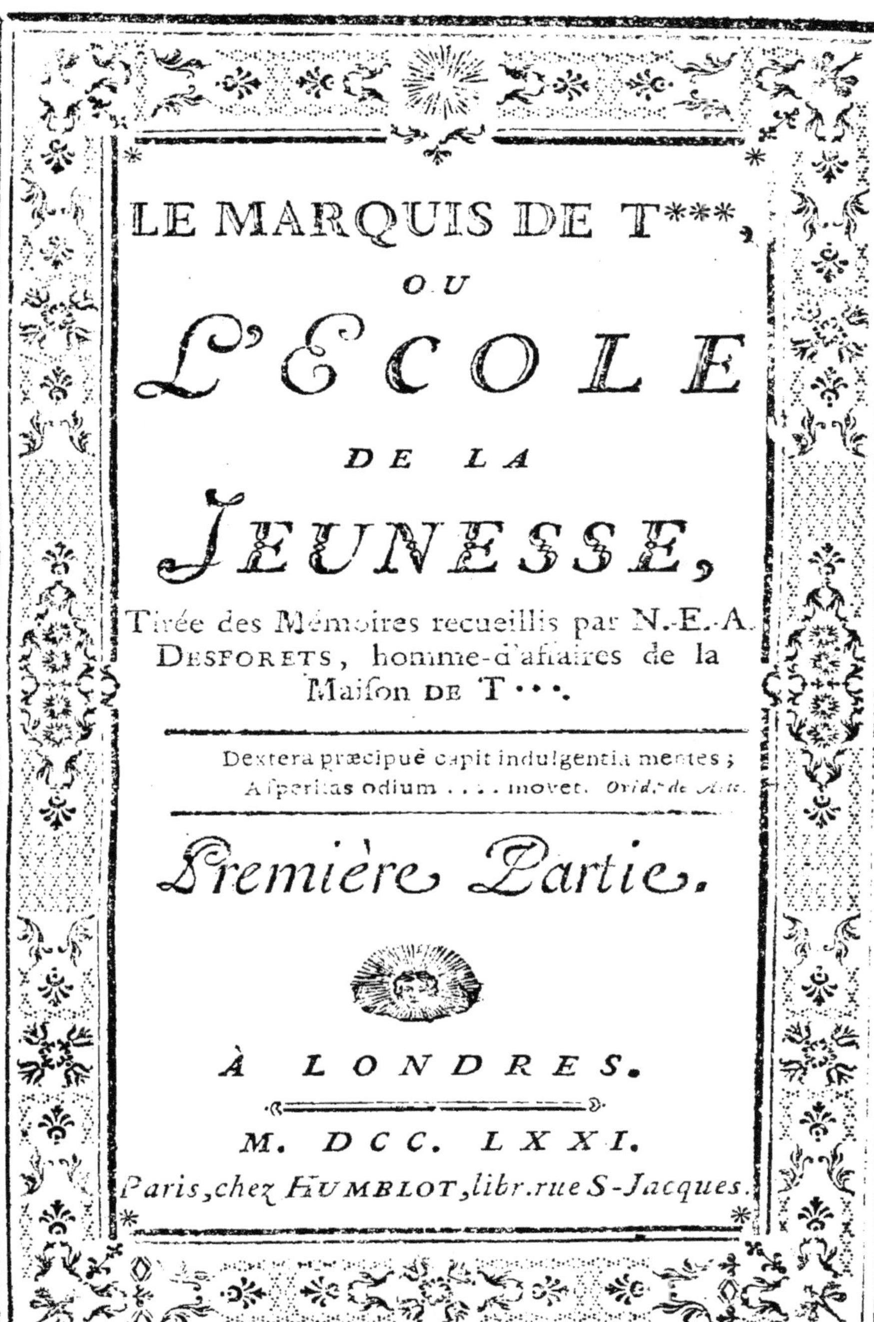

À LONDRES.

M. DCC. LXXI.

Paris, chez HUMBLOT, libr. rue S-Jacques.

TABLE DES MATIÈRES

Contenues dans les quatre Parties.

PREMIÈRE PARTIE.

I.e Partie.   A 2

T A B L E

SECONDE PARTIE.

TROISIÈME PARTIE.

QUATRIÈME PARTIE.

Fin de la Table des Matières.

CORRECTIONS.

Première Partie, crayais, crayant; *mettez* croyais &c.

Page 35, à la Note, lisez : Ceci doit être confirmé par ce que le Comte de T••• dira par la suite, qu'on n'a droit même aux rapports fondés sur les liens du sang, qu'après avoir servi la société.

A Sparte.   *Note de la page 178, IV Partie.* (*) Un Peuple célèbre n'envoyait les Jeunes-gens à la guerre qu'à trente ans. « Cette coutume pourra paraître singulière aujourd'hui, que l'on fait tout avant le temps, & que l'on se hâte, si l'on peut parler ainsi, de cueillir les hommes avant qu' ils soient mûrs ». L'abus est bien plus grand encore de cueillir trop-tôt les femmes ; il en résulte mille inconvéniens pour elles & pour les citoyens qu'elles donnent à l'Etat. On marie de nos jours les filles en France aussi jeunes que parmi les Musulmans, & l'on ne fait pas attention que la nature est précoce en Asie & dans la partie méridionale de l'Europe. Les Loix, à la vérité, ont fixé l'âge de marier les filles au plutôt à douze ans. Je n'ignore pas combien l'on doit être circonspect à y toucher : mais je ne puis m'empêcher de souhaiter qu'on portàt l'interdiction jusqu'à seize ans. Il faut encore observer que cette Loi fut donnée par les Romains, & Justinien. renouvelée par le fameux Rédacteur des Loix de l'Empire, dans un climat différent du nôtre.

AUX JEUNES-GENS.

VOUS, que l'erreur n'a point aveuglés, que le goût d'une criminelle indolence n'a pas corrompus, JEUNES-HOMMES, qui vous destinez à remplir dans toute son étendue le devoir sacré de citoyens; Aimables FILLES, que ceux de mère & d'épouse ne doivent point effraiyer, daignez recevoir comme une preuve de mon estime & de mon respect l'hommage de ce Livre.

Par un malheur attaché aux institutions humaines, à mesure que les États se font policés, que les Arts se font perfectionnés, il semble que le vice ait suivi les progrès des uns (1), & se soit rafiné comme les autres. Le siècle d'Auguste, le plus poli de la Répulique, Romaine, était aussi le plus débordé (2). César

─────────────────

(1) *Plus les hommes se rassemblent, plus ils se corrompent,* dit un Philosophe.

(2) On ne put trouver de son temps les dix Vestales vierges chés les Patriciens; il falut recourir aux familles plébéiennes. L'horrible prostitution n'épargnait pas l'âge le plus tendre. On peut s'en assurer par la lecture des Auteurs contemporains. César est appelé par Curion, *stabulum Nicomedis, Bithynicum fornicem;* par Dolabella, *pellicem Reginæ, spondam interiorem regiæ lecticæ.* L'on sait que le même Curion le nommait encore, *omnium mulierum virum, & omnium virorum mulierem.* Ses propres soldats, dans son triomphe pour la conquête des Gaules chantaient à la suite de son char:

Gallias Cæsar subegit, Nicomedes Cæsarem :

[6]

& l'heureux Octave furent obligés de faire des loix, pour obliger les citoyens à contracter des mariages légitimes (*): ce siècle est revenu; & peut-être, de notre temps, l'opposition

Ecce Cæsar nunc triumphat, qui subegit Gallias,
Nicomedes non triumphat, qui subegit Cæsarem.

Servilia, mère de Brutus, que César avait aimée, lui prostitua sa fille Tertia. Les soldats chantaient encore au même triomphe pour la conquête des Gaules :

Urbani, servate uxores, mæchum calvum adducimus :
Aurum in Gallia effutuisti : heic sumpsisti mutuum.

Sextus Pompée reprochait à Auguste ses débauches. *Adulteria quidem exercuisse ne amici quidem negant, excusantes sanè, non libidine, sed ratione commissa; quo faciliùs consilia adversariorum per cujusque mulieres exquireret. Antonius super festinatas Liviæ nuptias objecit, & fœminam consularem è triclinio viri coram in cubiculum adductam, rursus in convivium, rubentibus auriculis, incomtiore capillo, reductam . . . . . & conditiones quæsitas per amicos, qui matresfamiliás, & adultas virgines denudarent, atque perspicerent, tanquam Thoranio mangone vendente.* On fit aussi ces vers sur une débauche de table, où les convives habillés en Divinités, réalisèrent les intrigues des Dieux.

Impia dum Phœbi Cæsar mendacia ludit,
Dum nova Deorum cœnat adulteria,
Omnia à terra tunc Numina declinarunt;
Fugit & auratos Juppiter ipse thronos.

Suet. in D. Cæs. & in Aug.

Les mœurs de ces deux hommes étaient celles de toute la ville, ou plutôt de l'empire.

(*) *Leges quasdam ex integro sanxit (Augustus)... de maritandis ordinibus. Hanc cùm aliquantò quàm cœteras severiùs emendasset, præ tumultu recusan-*

qu'Auguste trouva dans tous les Ordres à la publication de sa loi, ne serait ni moins vive, ni moins générale. Cependant il faut convenir que parmi nous, les lumières sont plus grandes, & les abus moins énormes ; ce qui ne vérifie pas, à beaucoup près la célebre strophe d'Horace :

Ætas parentum pejor avis tulit

Nos nequiores, mox daturos

Progeniem vitiosiorem (*).

Nous sommes redevables de ce double avantage à notre Religion & aux Sciences, fixées pour jamais en Europe, par l'invention d'un Art qui les facilite, & qui les perpétue.

L'Imprimerie.

JEUNES-HOMMES, vous êtes l'espoir de l'État, que bientôt vous allez composer, éclairer & défendre; n'oubliez jamais que votre bonheur dépend de conserver la Religion au fond de vos cœurs, & d'orner votre esprit, en vous appliquant aux Sciences utiles.

Il faut un culte; tout le monde en convient: l'homme ne s'étant pas fait lui-même; ce vaste univers ayant un souverain Modérateur, qui est le Père commun de tout ce qui respire, nous

---

tium perferre non potuit ; nisi ademptâ demùm lenitâve parte pœnarum ; vacatione triennii datâ, auctisque præmiis. Suet. in Aug.

(*) La voici dans le sens contraire :

Nos ayeux ont été des monstres exécrables ;
Nos peres ont été méchans :
On voit aujourd'hui leurs enfans,
Etant plus éclairés, devenir plus traitables.

A 6

*lui devons un tribut de reconnaiſſance. Ren-
dons-le lui dans le rit le plus raiſonnable(1),
pour ne pas dire le ſeul qui puiſſe lui plaire:
ſans cela, l'homme ſerait le plus favoriſé &
le plus injuſte de tous les êtres. Laiſſons-
les peines & les recompenſes d'une autre vie
que le Matérialiſte ne croit pas (2), & que
le Déiſte réduit à peu de choſe: n'eſt-ce donc
rien que de vivre (3), que de goûter des plaiſirs, de jouir du ſpectacle de toute la nature,
qui nous obéit ? Comment regardons-nous
ceux qui n'aiment pas leurs parens ? ſur-tout
ſi c'eſt un père, une mère tendre, qui aient
expoſé pour eux leur repos, leur ſanté, leur
vie même ? ils nous paraiſſent des monſtres.
Eh ! quel nom donnerons-nous à ces ingrats
qui n'aiment pas l'Être ſouverainement aimable, dont chacun de leurs mouvemens eſt un*

---

(1) Voyez l'article de la Religion, III.me Partie,
pag. 145 & ſuiv.

(2) Je dis *Matérialiſte*, & non pas *Athée*, parce
que je ne crois pas que ces derniers exiſtent. Au reſte,
l'Athée, (s'il en eſt) a contre lui toutes les lumières
de la raiſon. On pourrait encore me faire une difficulté,
en confondant les Matérialiſtes & les Athées. Je conviens que tous deux ſont également oppoſés à la Religion Chrétienne ; mais autre choſe eſt de nier un Dieu
que tout annonce dans l'univers, autre choſe eſt de
dire que cet univers eſt Dieu lui-même. Spinoſa, quoiqu'on en diſe, n'était pas athée.

(3) La ſomme de l'exiſtance naturellement agréable, ſurpaſſe infiniment celle des peines. C'eſt une vérité que l'on ne conteſte plus.

bienfait ? qui lui refusent l'hommage de leur existance ! . . . Il est vrai, que cet hommage est inutile à l'Être des êtres ; mais l'est-il pour les hommes, qu'un culte religieux unit & fraternise ? Le dernier des sujets d'un grand Roi n'augmente ni la félicité, ni la puissance de son maître par une scrupuleuse fidélité ; c'est son bonheur à lui-même qu'il opère, en demeurant dans l'ordre.

Ce qu'est la Religion pour le cœur, la nourriture & l'habillement pour le corps, les Sciences le sont à l'esprit. Quoi de plus méprisable qu'une ignorance crasse ? Ayez l'air noble, une figure intéressante, des qualités, & même des vertus ; présentez - vous dans un cercle éclairé, où la conversation sera pour vous une énigme dont vous n'avez pas le mot ; où vous ne pourrez répondre, ou intéroger à votre tour ; on oubliera tout ce que vous pouvez avoir d'estimable ; on ne verra qu'une âme engourdie, retenue dans l'abrutissement par une condannable paresse. O ! vous précieuse espérance de l'État, quel que soit le ridicule qu'on a voulu jeter sur l'érudition, ne vous laissez pas séduire ; celui qui l'attaque avec une éloquence si vive, a pris chés elle des armes pour la combattre : quoi qu'on en dise, il est beau de lire Homère & Virgile dans leurs langues. Les échos d'un Génie célebre ne cessent de répéter : « Quoi ! passer les plus belles années de sa vie à apprendre des mots »! Pourquoi non ? la science des mots ne conduit-elle pas à celle des chofes(*)? Que l'on corrige la manière d'enfeigner les langues favantes, qu' on la perfectionne ; qu'on ôte à l'École fes vaines fubtilités ; voila toute la réforme qui foit permife. Les connaiffances abftraites & profondes élèvent le génie, & le préfervent de la corruption ; les Belles-lettres & les Arts qui poliffent l'efprit, adouciffent les mœurs & le caractère.

JEUNES CITOYENS, ne laiffez pas échaper l'âge où vous pouvez acquerir les con-naiffances utiles : un temps viendra, que n'étant plus fous les aîles de vos parens, il faudra vous gouverner vous-mêmes; une mul-titude de peines & de foins ; les embarras & les affaires de la vie civile vous accableront : profitez du temps heureux où vous ne vivez que pour vous-même ; où vous n'êtes rien dans le monde, où les paffions font calmes ; il ne fera plus temps de vous inftruire, lorfque toutes vos forces devront être employées à lut-ter contre la tempête que les paffions font peut être fur le point d'exciter. Vous êtes dans le port; vous allez comencer une navigation im-menfe & périlleufe; la vieilleffe feule vous ra-nera d'où vous partez: faut-il attendre à vous munir de tout ce qui vous eft néceffaire pour réfifter à l'orage, que vous foyez en pleine mer, loin de tout fecours ?

(*) D'ailleurs nos langues modernes étant dérivées de deux langues mortes, nous n'en fentirons jamais l'énergie, fi nous n'étudions ces dernières.

Ces conseils généraux ne font pas les seuls que me suggère mon zèle pour votre bonheur : lorsque vous serez hommes faits, chacun de vous abandonnant la route qui fut commune dans l'enfance, se choisit un état. Ne suivez pas les impressions séduisantes d'un goût momentané ; sur-tout, s'il vous détermine pour l'une de ces vocations qui s'écartent de la règle générale, hésitez longtemps, ne vous engagez que tard, & craignez le repentir.

Mais vous, qu'un âme droite, un discernement juste conduisent à l'état où la nature nous fait tendre, ne craignez pas que les tristes regrets vous y suivent, si la raison & l'amour, plutôt qu'une passion aveugle président au choix de votre compagne. Il est deux sortes d'abus qui suivent les mariages ; & vous êtes presque toujours la victime de l'un ou de l'autre : le premier est une trop grande familiarité ; l'autre, que l'usage & vos parens autorisent, que les gens d'une vertu trop sévère accréditent, est d'épouser sans la connaître celle qu'on vous a destinée. Un jeune-homme prudent évitera l'un & l'autre : il n'exposera point celle qui doit être sa compagne, à rougir un jour de s'être oubliée ; la fille la plus sage, lorsque personne ne veille sur elle, peut être la dupe des circonstances : quelle bassesse de la conduire de degrés en degrés jusqu'au fond du précipice, pour la mépriser, lorsqu'elle y sera tombée ? respectez-vous vous-même dans celle que vous aimerez ; qu'elle

ſoit avec vous comme avec ſon frère, ſon protecteur & ſon ami ; ſuivez avec complaiſance
les progrès de ſon amour pour vous, mais
n'en abuſez pas ; ſoyez touchés de la gloire
qui accompagne ce rôle honnête : que ſont les
plaiſirs trompeurs procurés par le crime,
auprès de la ſatisfaction que donne une conduite généreuſe ?

Les abus de la ſeconde eſpèce ont des ſuites
non moins funeſtes. On vous marie: ou, votre
épouſe élevée dans un couvent ne vous a parlé
qu'une fois ou deux au travers d'une grille :
ou, des parens ſévères ont empéché que vous
ne vous ſoyiez vus avec une honnête liberté;
ſon caractère vous eſt parfaitement inconnu ;
le choix vous a été interdit : aulieu d'aſſortir
vos humeurs, vos parens ſe ſont occupés du
rang & des richeſſes ; ils n'ont fait qu'une
partie de ce qu'ils devaient, en donnant toute
leur attention aux acceſſoires. Des parens que
toute eſpèce de ſoin fatigue, ont bien plutôt
fait de ſéqueſtrer leurs filles dans un monaſ-
tère, ou d'interdire l'entrée de leur maiſon,
que de veiller ſur elles : cependant rien ne
ſerait ſi aiſé pour une mère ſage, que de prévenir les ſuites d'un commerce trop libre entre les jeunes-gens ; qu'elle ſoit toujours avec
ſes filles ; que jamais elle ne ſouffre qu'on les
mette de parties dont elle n'eſt pas ; mais
qu'elle ne prenne aucun divertiſſement que ſes
filles ne le partagent : les heureux effets de
cette conduite la dédommageront amplement
de ſes peines.

Mais à quoi serviront les entrevues, si l'on vous dit : Voila celle que vous devez aimer : & que dè son côté, la Jeune-personne elle-même soit instruite du sort qui l'attend ? Elle contraindra devant vous jusqu'à ses moindres mouvemens ; on la prendrait pour la douceur & l'ingénuité même. . . . Ah si l'on vous eût laissé libres tous deux , & qu'ignorant l'intérêt que vous deviez prendre l'un à l'autre, vous vous fussiez connus tels que vous êtes, quels avantages n'en eussiez-vous pas tiré ? si vous vous fussiez mutuellement inspiré l'amour & l'estime , votre bonheur en serait plus doux , lorsqu'on vous unirait : & si l'éloignement, le dégoût, ou la cruelle antipathie viennent à se manifester, vous éviterez une union mal-assortie.

JEUNES HOMMES , dociles aux conseils de vos parens, profitez de leurs lumières dans la recherche d'une épouse ; mais choisissez en second , connaissez parfaitement celle qu'on vous propose , avant de vous engager : & dans le cas où quelqu'une des convenances que je vais mettre sous vos yeux manquerait, osez résister , sans néanmoins sortir des bornes du respect. « 1.ᵉ N'épousez pas une fille , » lorsqu'il s'en trouve une autre qui vous » plaît davantage : il est nécessaire que votre » femme soit à vos yeux la plus belle de toutes. » 2.ᵉ Sa réputation doit être sans atteinte: il » ne faut pas que jamais un amant soit dans » le cas de justifier celle qu'il épouse , & c'est

» *dans cette occasion seule que l'innocence la*
» *plus pure ne suffit pas* (1). 3.me *Étudiez son*
» *caractère : brisez, rompez généreusement vos*
» *chaînes, si vous aimez une de ces filles aca-*
» *riâtres auprès desquelles on a toujours tort.*
» *Dites-leur comme Ovide :*

N unc mentis vitio læsa figura tua est. *amor.* 1. *el.* x.

» *Fuyez ces filles exigeantes, qui ne savent*
» *que commander ; dont la morgue altière*
» *étend les priviléges de leur sexe au-delà des*
» *justes bornes, & charge le nôtre de tous les*
» *égards & de toutes les déférences : l'expé-*
» *rience apprend que ces sortes de femmes ne*
» *sont pas faites pour nous rendre heureux :*
» *nous devons sans-doute des égards, des dé-*
» *férences du respect à nos aimables compa-*
» *gnes ; mais celle qui les prétend n'en mérite*
» *plus.* 5.e *Défiez-vous d'une fille qui ne pen-*
» *se bien de personne ; celle qui ne croit pas à*
» *la vertu des autres est bien proche de n'en*
» *point avoir elle-même* (2). 6. *Je ne vous*
» *parle point des filles en qui l'on trouve des*
» *défauts plus marqués ; elles ne sont pas di-*
» *gnes que je vous en entretienne : mais trem-*
» *blez qu'un extérieur réglé ne vous en im-*

---

(1) C'est le mot célèbre de Jules César, après qu'il
eut répudié Pompeia : *Interrogatus (Cæsar) cur re-*
pudiasset uxorem ? Quoniam, *inquit,* meos tam sus-
picione, quam crimine, indico carere oportere. *Suet.*
in D. Cæs.

(2) Scyllam, nec Byblida fuisse credit,

Sed castos docet & pios amores. *Mart. l. X. Ep.* 3 5.

[15]

» pose : la maxime est triviale, mais elle est
» aussi vraie qu'importante,

    Il faut connaître, auparavant d'aimer.

» 7.^{nt} Vous avez enfin rencontré les qualités
» & les vertus réunies dans le même objet : ce
» n'est pas encore assés pour être heureux : il
» est un certain rapports d'humeurs, de goûts,
» une conformité de caractère, une heureuse
» sympathie, qui n'est pas cette chimère des
» romans, dont on se sert pour excuser des
» travers : il ne faut pas négliger de vous ins-
» truire sur ce point.

» JEUNES-HOMMES, si vous voulez
» m'en croire, lorsque vous aurez pénétré les
» dispositions de votre maitresse, vous ferez
» tous vos efforts, non pour plier son caractère
» au vôtre, mais pour vous accommoder au
» sien. Je ne me contredis pas : vous conce-
» vez qu'il est facile à celui que la nature a
» fait le plus fort, de céder à celle qu'elle a
» rendue la plus aimable ; il y a dans ce pro-
» cédé une sorte de générosité, de grandeur
» digne du premier sexe : mais, loin de vous
» faire un mérite de votre complaisance, ca-
» chez-la soigneusement. Il est d'autres
» moyens d'exciter la reconnaissance dans le
» cœur de celle que vous aimez, & je vous
» avertis qu'il serait dangereux de vous servir
» de celui-là : car les femmes ne fondent pas
» leurs demandes sur ce que nous leur devons,
» mais sur ce qu'elles on déja obtenu ; notre
» faiblesse, voila ce qu'elles ont l'injustice de

» *subſtituer à des droits naturels. Je n'ai plus*
» *qu'une obſervation à vous faire : elle regar-*
» *de l'âge : JEUNES-GENS, évitez les ex-*
» *trémes ; gardez de vendre vos belles années*
» *à la vieilleſſe ; combien en voit-on, que l'in-*
» *térét guida, paſſer leurs jours dans le dé-*
» *goût, & laiſſer après eux la femme ou le*
» *mari dont ils attendaient l'héritage*»*!* Telles
ſont les règles qui doivent vous guider dans
la recherche d'une compagne.

JEUNES-PERSONNES, il vous eſt plus
difficile de choiſir ; les uſages & les loix vous
laiſſent à-peine le droit de refuſer : mais n'ac-
cuſez pas nos mœurs ; elles vous ſont plus
favorables que toutes celles qui ont précédé :
béniſſez votre patrie, & ſachez que ce coin du
nord de l'Europe eſt le ſeul endrait du monde
où vous ſoyez traitées avec dignité. Cependant
obſervez la conduite de celui qu'on vous deſ-
tine, tâchez de pénétrer ſon caractère ; il n'eſt
point de parens aſſés deſpotes, aſſés barbares
pour vous forcer à recevoir la main d'un méchant homme. Ce motif d'excluſion doit étre
le ſeul ; votre ſexe s'attache facilement ; il
paſſe ſur les petits défauts ; à moins que le
cœur ne ſoit corrompu, il ne regarde pas ſi
l'amant a les avantages de la figure ou des
talens agréables : l'homme eſt votre bras ;
qu'il ſoit laborieux, économe ; qu'il vous
traite dignement, il eſt tout ce qu'il doit étre.
Lorſque vous ſerez mariées, n'abandonnez
jamais la retenue d'une fille honnête : conti-

nuez de paraître aimables & par le caractère,
& par le goût dans votre parure. Ne conser-
vez des manières d'une Amante que ce qui
convient , & comprenez que ce qui est une
grâce provoquante dans une maitresse, ce qui
de sa part est une faveur précieuse , devient fa-
stidieux dans l'épouse.

JEUNES-HOMMES , je reviens à vous ;
Les femmes sont tout pour l'homme ; n'espé-
rons jamais d'être véritablement heureux autre part qu'avec elles, autrement que par
elles. A la vue de la fille aimable qui vous est
destinée , vous devez être pénétrés d'un saint
respect : son cœur, son tendre cœur est un
trésor où chaque jour vous puiserez le bonheur. Quelle âme sera donc assés insensible,
pour résister à ses touchantes caresses ! C'est
dans ses bras que réside la félicité suprême ;
on voit autour d'elle les Ris & les Plaisirs ;
son front ingénu annonce la Candeur; la sé-
rénité de son âme se peint dans ses yeux ; les
Amours se jouent dans sa belle chevelure, &
les Grâces accompagnent tous ses pas. Si
vous étiez un jour insensibles à tant d'attraits, pour vous-mêmes , pour votre propre
honneur , ne faites pas couler les larmes de
ces yeux , dont le regard est si tendre ; n'ôtez
jamais à cette bouche , qui vous fit le timide
d'une flâme pure , son agréable sourire.

Devenus époux , faites-vous une étude de
la félicité de votre compagne , afin qu'elle re-
jaillisse sur vous : qu'elle soit reine dans vo-

tre maiſon, mais qu'elle vous ait pour maître; ou plutôt qu'elle vous regarde comme ſon protecteur & ſon appui. Si vous n'étes pas aſſés heureux pour éloigner d'elle les ſoucis, les chagrins, que jamais elle ne les éprouve ſeule: vous deviez l'en préſerver; c'eſt à cette condition qu'elle s'eſt donnée; diminuez-en l'amertume, en les partageant: n'oubliez pas que chaque larme qu'ils lui feraient répandre eſt une honte pour vous. Décens dans vos careſſes, qu'une chaſte retenue en faſſe durer le charme: la jeuneſſe eſt une fleur qui paſſe vite, lorſqu'elle n'eſt pas ménagée; cette ingénuité touchante qui brille dans ſes regards doux & timides, cette pudeur aimable qui la fait rougir d'un mot, tout cela va diſparaître, ſi vous faites prendre à votre jeune compagne des airs décidés, & ce maintien qu'on pourrait nommer impudent, ſuites ordinaires des libertés ſecrettes.

Une femme peut faire votre bonheur, ſans être belle: la jeuneſſe eſt toujours aimable: & lorſque les années auront effacé ſes attraits, vous aurez mille autres raiſons de vous attacher à elle. J'ôſe dire plus: une belle ſe contente ordinairement de l'être; elle ſe montre toute entière dès le premier jour: aulieu que ces femmes à qui la nature n'a départi les appas qu'avec ménagement, emploient d'autres moyens pour y ſuppléer: c'eſt à ces dernières que nous devons les grâces, & ce que la délicateſſe dans l'eſprit & dans les manières ajoute de charmes au commerce du second-sexe ; mais si tout cela lui manquait, rappelez-vous ce vers d'un ancien poète :

Uxori ampla satis forma pudicitia est (*).

Oui, que sa pudicité vous console de la perte ou du manque de beauté ; les fils & les filles qu'elle vous aura donnés, voila quels seront dans l'âge mûr ses véritables attraits.

O JEUNES-GENS ! vous ne devez aspirer qu'à cette glorieuse qualité de pères & de mères : c'est en élevant des enfans dans la vertu que vous vous acquitterez de ce que vous devez à la Société dont vous êtes les membres ; aux Loix qui vous défendent ; au Prince qui vous protége ; à vos Pères qui desirent de se voir renaître dans votre postérité ; à Dieu même : la vie que vous tenez de lui est un bienfait, dont vous ne pouvez marquer votre reconnaissance qu'en la donnant. De quel droit vous approprieriez-vous les soins qu'on eut de votre enfance ? Lorsqu'on vous prodigua tous les secours, pendant ces années de faiblesse, où vous étiez incapable de vous les procurer vous-même, on vous fesait contracter l'engagement de rendre le même service à d'autres. C'est l'ordre général de la nature ; c'est le vœu le plus saint & le plus indispensable : pour le remplir, l'homme peut & doit violer ceux qui ne sont que de l'institution des humains. Ainsi vous devez avoir en horreur

(*) Tibulle, lib. I. Eleg. 19

ce célibat criminel, qu'accréditent des hommes lâches qui ne se sentent pas la force de porter le fardeau imposé à tous les citoyens (*) ; gardez-vous d'imiter ces vils égoïstes : Fuyez les : ils doivent être pour vous ce que les Prostituées sont pour les femmes honnêtes : songez que si ces hommes pervers, effrénés pénétrent chés vous, il n'est rien de sacré pour eux : il corrompront vos filles, séduiront la mère elle-même, & réduiront un jour le mari à regarder ses enfans d'un œil incertain. . . .

JEUNES CITOYENS & CITOYENNES, c'est à vos enfans qu'il faudra bientôt consacrer vos veilles : il sont pour vous une terre féconde, que vous devez cultiver soigneusement, afin qu'elle vous rapporte au centuple. Ainsi vous trouverez le moyen de parcourir une vaste carrière, dans le peu de jours que nous avons à passer sur la terre. Vous aurez vécu beaucoup, glorieusement, heureusement, si, remplissant vos devoirs, vous avez utilement, honnétement vécu : l'homme de bien vit doublement, car seul il peut jouir des jours présens & des jours écoulés.

Ampliat ætatis partem sibi vir bonus ; hoc est
Vivere bis, vitâ posse priore frui.

Mart. l. X, Epig. 34.

(*) Le même abus règne jusque dans le mariage. V. le Mém. sur les ab. des mar. par l'Auteur de la Phys. de l'Hist.

LE

LE MARQUIS DE T***,

OU

L'ECOLE

DE LA JEUNESSE.

I.ᵉʳ LIVRE.

L'ENFANCE.

UN Père vertueux, une tendre & fensible Mère, qui veulent être heureux par leurs Enfans, n'en connaiffent pas toujours les moyens les plus fûrs ; ils peuvent ignorer qu'un feul faux-pas fuffit pour leur faire manquer la véritable route. L'*Inftitution* eft un pénible fentier, que les précipices environnent ; où l'on eft forcé de marcher à tâtons: le Vieillard, qui jouit de l'expérience, n'eft plus en état d'être père, & d'ailleurs fon imagination laffée, refroidie, le rend ou crédule, ou trop indulgent pour les écarts de la bouillante Jeuneffe ; il l'excufe, la querelle, la plaint, & ne la corrige pas: il faut

I.ᵉ Partie.　　　　　　　　　　　*

donc que les Parens profitent de l'expérience d'autrui. Ils trouveront dans l'Ouvrage d'un Auteur estimable, de sages préceptes pour conserver les mœurs pures, orner l'esprit, former le cœur à la vertu dès
l'enfance ; l'Auteur d'*Emile* conduit l'Elève
par la main jusqu'à l'instant décisif auquel
une Compagne aimable le rend heureux,
Citoyen & Père : mais il le suppose toujours
docile, raisonnable, guidé par un homme
sage, qui ne se dément jamais. Pour moi,
j'entreprens de retracer dans ces *Mémoires*,
la conduite que tinrent de raisonnables Parens, pour ramener à la vertu un Fils chéri,
qu'ils avaient perdu de vue, & qui s'égara
sous des Conducteurs mercenaires.

Les moyens qu'ils employèrent sont sim-
ples & naturels : ce furent l'*Indulgence*
éclairée d'un bon Père ; la *Tendresse* d'une
Mère sage ; les *Exemples* de tous-deux, &
l'*Amour*.

Que les Parens ne l'oublient jamais, leurs
droits les plus sacrés, ce sont leurs bontés.

S'ils regardent leurs Enfans comme nés
pour les servir en vertus des Loix de la Société, ils ne doivent pas oublier que par les
Loix de la Nature, ils ne vivent que pour
en faire des hommes qui les remplacent. A-
près les avoir élevés, les rendre heureux est
un devoir : leur félicité dépend de l'état que
les Parens leur donneront, & du choix d'une
Compagne. Que les Pères se souviennent que

le Sexe-des-grâces fait nos plaifirs & nos peines, comme il nous donne nos vices & nos vertus : que les Mères-de-famille fe confidèrent comme chargées de l'emploi le plus important, & du bonheur de la Patrie ; car c'eft entre leurs mains qu'eft le dépôt des mœurs : les jeunes Plantes qu'elles cultivent, peuvent les épurer ou les corrompre; l'Etat n'aura des Héros, que lorfque leur âme délicate, fublime & vertueufe élevera la nôtre ; les hommes feront des lâches & des efféminés, par-tout où les femmes ne tendront qu'à les amolir. Jetons des regards attentifs fur l'Afiatique énervé : au fond de fon ferrail, le Turc, le Perfan, ou l'habitant de Déhly, deviennent petits, timides ; ils ne voient dans leurs femmes que de viles efclaves (*) : au lieu que le Romain & le Spartiate invincibles trouvaient en elles leurs guides dans toutes les vertus : en combattant, ils

______

(*) On doit regarder l'Education des femmes comme très-importante, & cependant rien de plus négligé : leurs mœurs font infailliblement les mœurs publiques, & les Loîx ne féviffent pas contre ceux qui mettent leur gloire & leur plaifir à les corrompre ! Les Romains, fous les Empereurs de la famille *Flavienne*, (c'eft-à-dire dans le temps de la plus grande corruption, dirigèrent la févérité des Loix contre l'*adultère* ; & parmi nous, la honte n'eft que pour l'époux outragé ; on applaudit à l'infolence de l'époufe infidelle, à l'audace, à l'adreffe du féducteur. « Eh ! de quel droit reprocherions-noùs à nos femmes leurs caprices, leur frivolité, tous leurs défauts, nous qui flatons & payons leurs vices, & qui n'avons pas imaginé une feule marque d'honneur pour recompenfer leur vertu „ ?

fongeaient comment le vainqueur , ou le fuyard devait être accueillis par fa mère & par fon époufe.

En écrivant ces Mémoires, je m'écarterai fouvent : j'ai fenti que pour être utile à la Jeuneffe , il falait lui montrer des exemples variés, des Educations portant fur des principes oppofés, & dont les effets doivent être différens : le Marquis de T··· ne pouvait feul me les fournir ; j'aurai donc recours aux perfonnages épifodiques , dont les caractères pourront offrir une agréable diverfité.

Dans ce *premier Livre* , je donnerai peu de détails. Le *fecond* fera plus étendu ; l'intérêt y eft auffi plus vif. Le *troifième* mènera jufqu'au Mariage , qui fera le fujet du *quatrième*. Enfin le *cinquième* préfentera la Conduite des nouveaux Epoux. Cette divifion, par les principales époques de la vie, m'a paru la plus commode & la plus naturelle.

Il ne fera queftion de la Religion que dans l'Education du Marquis ; fes amis n'ont que les vertus humaines : mais le Comte veut que fes enfans appuient leur conduite fur la connaiffance & l'amour du Père commun de toutes les créatures.

Dans tout ce que je vais rapporter , j'ai fcrupuleufement fuivi les Mémoires d'un homme parfaitement inftruit, qui le plus fouvent a rendu les propres termes de fes Perfonnages.

HISTOIRE

HISTOIRE

DE M. LE MARQUIS DE T···.

DEUX frères, le Comte & le Chevalier
de T ···, riches, maîtres d'eux-mêmes, &
parfaitement unis, vivaient dans un Château,
à quelque diftance de Dijon. Un caraſtère
eftimable, une âme droite, amie de la juf-
tice, un cœur excellent, une conſtance
en amitié qui ne ſe démentit jamais, ſup-
pléaient, dans le Comte, aux agrémens de la
figure. Le Chevalier (*depuis Comte de B··*)
ſon frère, était bien-fait, & peut-être trop
beau pour un homme ; ſon aménité, ſa candeur, une prudente timidité ſe peignaient
dans une phyſionomie douce, qui ſemblait
ne reſpirer que la tendreſſe & l'amitié.

Le Comte s'était diſtingué de bonne-heure dans le ſervice, autant par ſon courage,
qui lui mérita des diſtinctions flatteuſes,
que par une grande pureté de mœurs. Un
père ſage, qui le dirigea toujours lui-même,
avait ſu l'affermir dans l'amour de la vertu ; &
lorſque le Comte perdit ce reſpectable guide, il connaiſſait déja ſes devoirs, & les
aimait aſſez pour ſe défendre de la ſéduction. Il ſervit à ſon tour d'Inſtituteur au Chevalier ; la perſuaſion, la douceur furent les
moyens qu'il employa pour faire goûter ſes
leçons ; auſſi le jeune de T ··· regarda-t il

toujours son aîné comme un père chéri , son modèle à la guerre , son instructeur, son maî-tre , son exemple par-tout ailleurs.

Monsieur de T···, à trente ans révolus, ne son-geait pas encore au mariage : les jeunes-per-sonnes qu'il avait remarquées , soit à la Capi-tale , soit dans les différentes garnisons où son devoir l'avait conduit , loin de le détermi-ner , l'avaient rendu plus difficile po r un engagement ; il avait rencontré beaucoup de femmes aimables; mais point encore une mère-de-famille ; il n'avait pas trouvé cette esti-mable compagne , sur laquelle il voulait pouvoir se reposer du soin de faire sa féli-cité, & de former la première jeunesse de ses enfans. Pour le Chevalier , quoiqu'il n'eût pas encore atteint sa dix-septième année , le besoin d'aimer s'était déja fait sentir à son cœur , & il faut convenir qu'il ne manquait à cet aimable jeune-homme que d'être con-nu pour règner sur celui d'une femme digne de lui : mais ayant toujours vécu dans la so-litude ou au milieu des camps & du tumulte des armes , les occasions de s'attacher ne se présentèrent pas.

Tels étaient les deux uniques rejetons de la maison de T··· , lorsque M. le *Duc* alla tenir pour la première fois les Etats de Bour-gogne : la ville de Dijon devint le rendez-vous de toute la Noblesse de cette Province; chacun s'empressa d'aller faire sa cour au Prince-Gouverneur; le Comte de T··· & son frère le Chevalier, dont la famille tenait un rang considérable, y parurent avec distinction.

On y vit aussi le Marquis de V··. Ce respectable Gentilhomme avait deux filles qui l'accompagnaient ; c'était, sans contredit, les deux plus aimables personnes de cette Cour, aussi brillante que celle d'un puissant Monarque : à mille qualités estimables, elles joignaient ces avantages indépendans de nous, qui donnent tant de lustre à la beauté, une très-ancienne Noblesse, des ayeux célèbres dans notre histoire, & beaucoup de fortune. *Louise de V··,* l'aînée, était une brune piquante, de dix-neuf ans, grande, & dans qui tout était dessiné par les Grâces & fait pour l'amour : son maintien aisé, des manières engageantes, cet air d'enjoûment qu'un joli minois reflète sur tout ce qui l'environne, un coloris que Paul Véronèse n'aurait pas égalé, la rendaient plus séduisante qu'une beauté régulière & parfaite. Ses talens acquis rehaussaient les dons de la nature : une danse bien entendue avait assoupli tous ses mouvemens ; son goût pour la musique, en dévelopant sa voix douce & sonore, en avait doublé le volume ; elle parlait avec facilité les Langues de trois Nations, nos voisines ; elle cultivait même la peinture avec succès : en un mot, son esprit était orné de toutes les connaissances agréables & solides, qui rendent une jolie femme plus attrayante par le charme de son entretien, que par celui de sa beauté.

Henriette, sa sœur, accomplissait à peine quatorze ans. Elle possédait les mêmes talens que Louise, & quoiqu'elle n'eût pas autant d'éclat, les détails la rendaient plus intéressante : elle avait l'œil bleu, des cheveux cendrés ; les sourcils comme les belles femmes de Perse, en croissant étrait, & très-arqués : elle paraissait moins vive que sa sœur, dans son teint les lis l'emportaient sur les roses ; mais elle avait un air si doux, un regard si tendre, un son de voix qui pénétrait si bien jusqu'au fond de l'âme, dans sa démarche tant de cette grâce pour laquelle il n'est pas d'expression, l'ensemble de ses traits était si touchant, que d'une commune voix, l'on convenait qu'Henriette de V·· l'emportait sur cette foule de jeunes Beautés que l'on voyait chaque jour au Palais des Etats.

Voila quelles étaient celles que l'amour destinait à triompher des deux frères ; il ne s'arrêta point à l'ordre que la Nature semblait prescrire ; Louise, vive, sémillante, dont l'abord avait tant d'éclat, éblouit le plus jeune : la naïve, la douce Henriette fit sur le Comte une impression à jamais durable.

Dès la première fois que ces deux Gentils-hommes virent mesdemoiselles de V··, ils en furent également épris : c'était dans l'après-dînée, à une fête que la Ville donnait au Prince. Réunis le soir à table, ils furent distraits, concentrés en eux-mêmes, & ne se dirent presque rien : ils allaient se retirer

chacun dans leur appartement , fans s'être
communiqué leurs nouvelles idées , fi le
Comte revenant à lui-même le premier , ne
fe fût retourné vers fon frère , pour lui demander en riant , s'il le boudait? Cette queftion tira le Chevalier de fa rêverie ; mais il
ne répondit que par un foupir. Le Comte furpris , fit des queftions , qui commencèrent
l'explication entr'eux ; & comme ils s'aimaient
tendrement , le Chevalier fut ravi d'avoir
occafion d'ouvrir fon cœur à fon aîné , bien
fûr qu'il favoriferait fon amour , fi la jeune-
perfonne à laquelle il defirait de plaire était
un parti convenable. Il lui avoua donc qu'il
venait de voir chez le Prince la plus aimable
des filles, & qu'il l'avait entendu nommer mademoifelle de V··. —Mademoifelle de V··,
reprit le Comte ! ainfi que toi , mon cher
Chevalier , je viens d'admirer dans le Palais
une jeune - perfonne que j'aimerai toute ma
vie , qu'on nomme mademoifelle de V··:
ferions-nous rivaux ? elles font deux fœurs :
peins-moi ta maitreffe , & fi malheureufement nous aimons la même , je fuis ton aîné ,
je te dois l'exemple de la force & de la générofité , auffi-bien que des autres vertus. . .
Le Chevalier remercia fon frère , en laiffant
échapper des larmes de tendreffe. Il fit une
peinture fidèle des attraits de celle qui l'a-
vait charmé : l'âge des deux fœurs & le genre
de leur beauté étaient affez différens pour
qu'on ne pût s'y méprendre ; ils eurent donc la

satisfaction de reconnaître qu'ils aimaient en même lieu, mais sans être rivaux. Le jeune de T··· se laissait emporter aux mouvemens de la joie la plus vive : mais le Comte, qui ne voulait pas qu'une tendre passion prît trop d'empire sur un caractère sérieux & mélancolique comme celui du Chevalier, avant de s'être assuré du succès, l'empêcha de se livrer entièrement à de trop flateuses espérances, & lui donna de l'inquiétude pour le modérer.

Dès le lendemain Messieurs de T··· cherchèrent à revoir mesdemoiselles de V··. Ils furent plus heureux qu'ils n'avaient osé l'espérer ; car ils les entretinrent assez longtems ; & le Marquis de V·· leur père, étant venu prendre ses filles pour aller au *Parc* (*), le Comte & le Chevalier les y accompagnèrent. La connaissance fut bientôt faite avec le Marquis, à qui le nom de T··· rendait les deux frères recommandables. Comme ces Gentilshommes assortissaient mesdemoiselles de V··, & qu'ils desiraient ardemment de plaire au père de leurs maitresses, ils furent en peu de temps si bien auprès de lui, qu'ils devinrent inséparables. Les deux Amans profitèrent de l'accès qu'il leur donnait dans sa maison, pour entretenir Henriette & Louise de leur tendresse : ils ne tardèrent pas à s'apercevoir qu'elle était payée d'un sincère retour.

____

(*) Promenade fort agréable, sur les bords de la rivière d'Ousche ; ce sont les Tuileries de Dijon.

[31]

Dès qu'ils eurent obtenu l'aveu de ces deux belles perfonnes, ils prirent jour, de concert avec elles, pour inftruire de leurs fentimens le Marquis de V**. Ses filles étaient auprès de lui lorfqu'ils l'abordèrent. Elles allaient fe retirer, par cette timide modeftie qui fait rougir une âme honnête du feu le plus légitime : leur père les retint. Louife & fa fœur eurent le plaifir de les entendre exprimer au Marquis toute la vivacité de la paffion qu'elles leur infpiraient. Monfieur de V** répondit au Comte & au Chevalier, en les embraffant : —Mes bons amis, leur dit-il, vous êtes ce que mes filles pouvaient prétendre de mieux, & je me regarde comme le plus heureux des pères, de les remettre en d'auffi bonnes mains que les vôtres : jugez du plaifir que me fait votre demande—! Meffieurs de T** témoignèrent leur reconnaiffance dans les termes les plus touchans ; Louife & Henriette, vivement émues, vinrent dans les bras de leur père joindre leurs remercîmens à ceux des deux frères.

Comme je vous l'ai dit, le Comte & le Chevalier ne dépendaient que d'eux-mêmes ; les deux familles fe connaiffaient ; le mariage ne fut remis qu'à quinze jours, délai abfolument néceffaire pour les préparatifs. Jamais union ne fut plus heureufe ; la vertu, l'amour & la convenance l'avaient formée. Les quatre époux & monfieur de V** ne firent qu'une maifon ; ce vieillard refpeêtable témoin du bonheur de ses enfans, le goûtait aussi délicieusement qu'eux-mêmes. Henriette & Louise ne s'occupaient que de la félicité de leurs époux & de celle de leur père : de leur côté, ces trois hommes, à qui elles étaient si chères, ne desiraient plus rien, dès qu'ils voyaient la satisfaction régner sur le visage des aimables sœurs.

Il manquait cependant quelque chose à leur félicité. Il y avait près de trois ans qu'ils étaient unis, & ni l'un ni l'autre des deux époux ne portait le nom de père. Mais enfin cet avantage précieux & si vivement souhaité, se joignit à ceux dont ils jouissaient déja. Henriette devint grosse la première : le Chevalier (*qui avait pris en se mariant le nom de Comte de B··) ressentit le bonheur de son frère comme monsieur de T··· lui-même, parce qu'il fortifiait ses espérances. La naissance du Marquis de T··· combla leurs vœux à tous. Pour le Chevalier, il attendit quatre années encore le même avantage : il commençait même à desespérer d'avoir des enfans, lorsque Louise acoucha d'une fille.

Six années de félicité s'étaient écoulées comme un instant. La naissance de cette fille chérie qui causait au Chevalier de T··· une allégresse si vive, amena le malheur sur la plus aimable société qui fût au monde. Louise mourut des suites d'une couche difficile ; les soins, les attentions multipliées d'une famille entière qui l'adorait, ne pu-

rent retarder l'inſtant fatal. L'époux qu'elle
quittait fut plus malheureux qu'elle , puiſ-
qu'il ne vécut que pour ſentir ce vide affreux
que laiſſe dans une âme ſenſible la perte de
l'objet aimé. Son affliction , ſon deſeſpoir,
bien-loin de pouvoir ſe peindre, ne ſauraient
s'imaginer. Les careſſes de ſon frère , de ſa
ſœur , du père de ſon épouſe , auxquels l'envie de le conſoler feſait diſſimuler leur propre douleur , ne touchaient plus un infortuné
qui venait de perdre la moitié de lui-même.
Mais... ô Nature ! l'amitié la plus vraie & l'a-
mour même ne ſont donc pas comparables à
cet inexplicable ſentiment que tu places dans
nos cœurs pour ceux qui nous doivent le
jour ! Sageſſe conſervatrice de ce vaſte univers , vous l'avez voulu , ſans doute pour
nous donner une faible image de votre bonté
paternelle envers toutes vos créatures.....
L'époux de Louiſe, deſeſpéré , las de la vie,
allait la ſuivre au tombeau , baigné des larmes de ſon tendre frère : monſieur de V · ·
guidé par ſon cœur , va prendre la fille du
Chevalier;il apporte cette enfant,qu'il arroſe
de larmes ; il la préſente à l'époux infortuné
dont l'âme anéantie ne s'intéreſſe plus à rien
dans le monde , & lui dit : —O ! mon fils ,
je n'en doute plus , cette pauvre enfant ne
verra jamais ſon père lui ſourire en la careſ-
fant , elle ne le connaîtra jamais .... Puiſque tu refuſes de vivre pour elle , du moins
accorde-lui ta bénédiction—. Le triſte Che-

valier fit un effort pour foulever fa tête appe-
fantie, fes yeux fixes, ternes, prefqu'éteints
s'arrêtent fur Hélène, fur ces reftes précieux de fa chère Louife. Tout-à-coup ils
paraiffent s'animer; jamais il ne fut de remède auffi prompt; fon cœur ferré par l'affreux
défefpoir commence à fe dilater, à s'atten-
drir; il defire de conferver à fa fille un protecteur, un ami; il la bénit; des torrens de
larmes coulent enfin le long de fes joues, &
foulagent fon âme nâvrée. Le Chevalier remarque alors les foins de ces parens qui l'aimaient; il en eft vivement touché,&prend la
réfolution de vivre pour fa fille & pour eux. Il
recouvra la fanté; mais la joie, mais le rire
du plaifir l'avaient abandonné pour toujours.

A peine l'on ceffait de craindre pour les
jours du Chevalier, qu'un malheur qui mit
tout le Royaume en alarmes, fit quitter aux
deux frères les occupations paifibles qui les
avaient retenus, depuis leur mariage, au
fein de leur famille. Une guerre cruelle
mettait l'Europe en feu: le Comte & fon
frère, occupés du bonheur de leurs épou-
fes, & de leurs vaffaux, n'avaient pas de-
mandé de fervice: ils crurent que des hommes mariés étaient d'autant moins à l'Etat en
général, qu'ils devaient davantage à la fociété
particulière; qu'on ne peut remplir bien à-
la-fois deux devoirs oppofés, celui de faire
le bonheur d'une époufe, d'élever fa famille
& celui de combattre, d'expofer fa femme

& fes enfans à perdre leur appui ; que c'eſt
aux jeunes-gens non encore obligés aux devoirs de citoyen, qu'il convient de commencer à mériter le repos par le travail , & l'honneur de la paternité par les dangers qu'ils
courront pour le ſalut commun (*) : ainſi
quoiqu'ils ſe fuſſent diſtingués avant leur mariage , ils furent depuis aſſez vertueux pour
ſe déterminer ſans répugnance à ſervir l'Etat
d'une manière moins glorieuſe en apparence;
mais qui n'eſt pas moins utile à la Nation. Il
faut avoir l'âme grande ; il faut être rempli de ce zèle ardent qu'élève le véritable
amour de la Patrie , pour faire le bien dans
l'obſcurité. Mais il eſt des exceptions : ſi l'E-
tat eſt en péril, l'on doit tout quitter , & voler
à ſa défenſe. Dès que le Comte & ſon frère
eurent appris le danger auquel la France
était expoſée par la maladie du Roi à Mêtz ,
ils ne virent rien de plus important que
d'employer leurs biens & leurs vies à la défenſe commune. Il ſe mirent à la tête de leurs
Régimens , & ſe rendirent en Flandres, où
ils ne tardèrent pas à ſe diſtinguer, autant
par leur courage , que par une humanité rare & des ſentimens de père envers les ſol-
dats ſoumis à leurs ordres. Ils ſe couvrirent
de gloire pendant cette campagne ; & quoi-

____

(*) Ceci vient à l'appui de ce que le Comte a dit plus
haut, que l'on devrait fixer l'âge du mariage à trente ans
paſſés pour les hommes : il ne s'agirait que de les occuper
aſſez juſqu'à cet âge , pour qu'ils ne puſſent s'énerver dans
la débauche ou l'oiſiveté.   B 6

qu'elle fût la première qu'ils fefaient , ce leur permit d'aller paffer trois mois chez eux.

Henriette revit fon époux & fon beau-frère avec des tranfports qui r'ouvrirent la plaie du Chevalier : —C'eft ainfi, leur difait-il , que Louife me recevrait—! & fes larmes coulaient. Le jeune Marquis de T···, que fon ayeul conduifait par la main, vint fe jeter entre leurs bras. Il était fuivi de la nourrice de fa coufine. Cette femme apportait la petite Hélène. La fille du Chevalier avait près de deux ans ; elle commençait à balbutier ces petits mots fans fuite , que des parens émerveillés écoutent & fe répètent avec tant de plaifir. Une joie douce fe gliffa dans le cœur de fon père ; il careffait tantôt fa fille , & tantôt fon neveu ; il vit que la Comteffe regardait fa jeune nièce avec des yeux de mère : il s'apercevait, aux foins affectueux de fa fœur , que fa fille & lui-même étaient devenus pour elle, depuis leur malheur , des objets vénérables & facrés. Durant le quartier d'hiver, cet époux infortuné connut encore la fatisfaction , telle qu'il eft poffible de la goûter, lorfqu'une fin prématurée nous a privé d'une compagne chérie, auprès de laquelle on avait contracté l'habitude d'un bonheur bien plus doux.

Dès les premiers jours de Mars , les deux frères s'arrachèrent du fein de leur famille, pour revoler à ces champs épouvantables , où la politique & l'aveugle fureur immolent

tant de victimes innocentes. Le fanguinaire
métier des armes eft peu fait pour des âmes
compâtiffantes , qui refpectent l'humanité
dans chaque individu qui la compofe. Mais
la fociété a fes loix: ce font elles qui com-
mandent au véritable Philofophe ; il fait fon
devoir en gémiffant, lorfqu'il révolte la nature , & pourtant il n'eft perfonne qui le faffe
auffi bien que lui. Je vous taîrai mille actions
glorieufes, où le Comte & le Chevalier bor-
nant leur vertu préfente à fe rendre utiles à
l'Etat, exposèrent courageafement leurs vies.

Un jour terrible eft enfin arrivé , auquel
les plus magnanimes & les plus puiffantes Nations du monde vont en venir aux mains , fe-
condées de tout ce que l'art deftructeur de
la guerre a d'effrayant. Le jaloux ennemi du
bonheur de la France était prêt de triompher. Mais le Duc de Cumberland fe flatta
trop vîte que les champs de Fontenoi verraient
fes trophées & notre défaite : un Français ,
ami des jeux & des plaifirs , indiqua la manière (1) d'arracher la victoire à l'implaca-
ble Anglais, & le Héros (2) qui commandait
ne fut pas jaloux qu'un autre partageât fa
gloire. Mais qu'il en coûta de fang ! LOUIS
vit ces ravages affreux , triftes fuites des
uerelles des Princes ; & fon âme paternel-

9

(1) M. le Duc de Richelieu. Ce fut de lui que vint l'idée
de pointer quatre canons contre le front de la Colonne An-
glaife; & ce fut le Duc de Biron qui empêcha nos troupes d'é-
vacuer le village d'Antouin.

(2) M. le Maréchal de Saxe.

le, vivement émue, ressentit cette honorable faiblesse, si digne d'un bon Prince ;
il répandit des larmes sur les infortunés
que s'immolaient la discorde cruelle & l'ambition dévorante. Les Régimens du Comte
& du Chevalier donnèrent des premiers ; ils
avaient attaqué cette colonne, nouvelle
Phalange inexpugnable pour nos bataillons ;
mais avant qu'ils en pussent approcher, les
Chefs virent leurs escadrons foudroyés par l'ar-
tillerie Anglaise (1), & par le feu roulant &
continu de la mousquetterie ; ils ne comman-
daient plus qu'une poignée de monde. Ils se
réunissent, se serrent & s'encouragent à préférer la mort à une fuite honteuse. Ils savaient que l'héroïsine tranquille est bien plus
vrai, plus redoutable, que la fougue im-
pétueuse d'une aveugle valeur : mais comment tenir ferme, contre l'impénétrable bar-
rière que l'ennemi victorieux opposait à leurs
efforts ? le canon seul pouvait entamer la colonne : il arrive, lorsque la valeur même (2)
allait succomber, & que le Français ne
voyait plus devant lui que la mort inévitable : l'ennemi frémissant de rage, cède à
son tour : mais, tel qu'un lion terrible, il se

____

(1) M. le Comte d'Estrées commandait la Cavalerie.

(2) Le Maréchal de Saxe vit un Régiment dont les rangs
entiers tombaient, & qui ne se dérangeait pas : on lui dit
que c'était le Régiment *des Vaisseaux*, commandé par M.
de Guerchi : --Comment se peut-il faire, s'écria-t-il, que de
pareilles troupes ne soient pas victorieuses ?

retire fièrement, & ne fuitpas. C'eſt dans ce moment déciſif, que le cheval du Comte reçoit un coup de feu : le courſier furieux s'élance hors des rangs, & court ſe précipiter au milieu des bataillons Anglais : tremblant pour les jours de ſon frère, le Chevalier avait toujours les yeux ſur lui : il l'aperçoit, tantôt lutant pour modérer ſon cheval, & tantôt s'efforçant de s'en débaraſſer : alors regardant les débris de ſa troupe : —Enfans, s'écrie-t-il, ſuivez-moi; ſauvons mon frère—. Auſſitôt l'élite de ceux que la mort avait épargnés, vole ſur ſes pas. Ils étaient prêts d'atteindre le Comte : mais dans l'inſtant où le cheval affaibli par la perte de ſon ſang, s'arrête, & tombe, un Cavalier Anglais accourt à toutes brides; il lève le bras, & va frapper, tandis que le Héros, embaraſſé dans ſes étriers, fait de vains efforts pour ſe relever. Le Chevalier, qui devançait tous les autres, jette un cri perçant ; l'ennemi ſe retourne pour ſe défendre contre ce nouvel adverſaire : les courſiers ſe heurtent avec violence : le Chevalier, dans qui le péril de ſon frère ne détruit pas l'humanité, préſente ſon piſtolet, mais il n'en preſſe point la détente : il voit ſon ennemi preſqu'environné, & croirait ſe rendre coupable d'un meurtre en le tuant. Cette généroſité ne touche pas le cruel Breton : ſon courage farouche met la véritable gloire à ſe couvrir de ſang ; il viſe & renverſe le plus tendre des frères. Au même inſtant la troupe

Française les envelope , l'Anglais expire sous mille coups , elle délivre le Comte , à qui sa chute avait empêché de voir le combat. Mais quelle fut sa douleur , lorsqu'il trouva le Chevalier étendu sur la poussière , prêt à rendre le dernier soupir ! Il oublia que les ennemis & la mort moissonnent tout, autour de lui : il s'approche de son frère;il l'embrasse ; il veut arrêter le sang qui s'écoule en abondance d'une large blessure : le Chevalier lui fait remarquer qu'il prend une peine inutile, & le conjure de songer à sa sureté.——Il ne nous reste plus qu'un moment à nous voir, ô mon frère , lui dit-il . . . Mon cher Comte! l'heureuse mort... j'ai fait de mon sang le plus noble usage... je le répands pour toi & pour la Patrie... tu serviras de père à ma fille: je sais que dans ton épouse, je lui laisse une tendre mère ; dis à ma sœur que cette idée me console & me tranquillise en mourant... Mes amis, soyez tout pour elle : faites naître dans son cœur, lorsqu'il en sera temps... de l'amour pour mon neveu : unissez ces chers enfans ;... oui , unissez-les . . . . je t'en prie . . . . je l'ordonne à ma fille , . . . & je te laisse . . . tout mon pouvoir——. Fondant en larmes, immobile de douleur , son frère l'écoutait , incapable de l'intérompre & de lui répondre , lorsque nos troupes repoussées , reculent devant l'ennemi. ——Ah ! mon frère, dit le Chevalier , d'une voix éteinte , laisse-moi mourir , & sauve ces braves gens , en commandant leur retraite. — Mais il priait en vain ; si quatre soldats n'eussent formé un brancard de leurs armes , & n'eussent enlevé le Chevalier , le Comte allait mourir auprès de lui. Ils s'éloignaient avec toute la promptitude que pouvrait leur permettre l'état du blessé , lorsque deux jeunes Anglais s'étant approchés du corps de leur compatriote, ils le reconnaissent, & poussent des cris de fureur : l'on entendit même plusieurs fois sortir de leur bouche le nom d'*Alberm***. Suivis de quelques-uns des leurs , ces furieux atteignent les soldats qui portaient le Chevalier ; ils les environnent : le Comte voulait périr ou le sauver : ses cavaliers l'entraînent, & bientôt des tourbillons de poussière & de fumée ne lui permettent plus de rien distinguer. Le combat s'achève : on remporta cette victoire fameuse, l'honneur du nom Français ; mais le Chevalier & ceux qui le portaient ne se retrouvèrent plus.

Quelle perte pour le Comte que celle d'un frère si tendre ! Il fut inconsolable : le chagrin prit sur sa santé , & l'obligea de se rendre en Bourgogne avant la fin de la campagne. Lorsqu'il revit ces lieux, que tant de fois il avait parcourus avec l'aimable Chevalier, sa douleur se renouvela plus vivement que jamais. La Comtesse de T*** & son père, qui venaient au-devant de lui, l'abordèrent dans cette crise violente. —O chère épouse, ô mon père, s'écria-t-il, en les apercevant, je reviens seul :

vous ne le verrez plus , & c'eſt à moi qu'il a fait le ſacrifice de ſa vie… O mon frère, diſait-il en s'intérompant , je ne t'entendrai donc plus m'appeler dans ces lieux qui nous ont vu naître ; ſa préſence ne me fera plus palpiter de plaiſir en les parcourant——! Il pleurait en tenant ce diſcours ; ſes yeux étaient devenus deux ſources intariſſables de larmes : Henriette & le Marquis de V··· n'adoucirent l'amertume de ſa douleur , qu'en s'affligeant avec lui.

Le Régiment du Comte avait trop ſouffert pour tenir campagne les deux années ſuivantes ; & la paix s'étant faite quelque tems après , monſieur de T··· eut la liberté de ſe conſacrer tout entier à l'éducation de ſon fils.

Le ſuccès répondit alors à ſes ſoins. Il ſemblait que le jeune Marquis eût l'âme faite pour la vertu : il n'était pas encore dans ſa dixième année , & cependant il montrait plus de goût pour les ſciences , que d'empreſſement pour les jeux & les amuſemens ordinaires de ſon âge. Ces temps heureux étaient propres à faire ſentir au Comte & à la Comteſſe le double avantage d'avoir un fils qui leur donnait les eſpérances les plus flateuſes , & d'élever auprès de lui , & ſous leurs yeux , la jeune Beauté qui devait être ſon épouſe. Hélène était moins âgée de quatre ans que ſon couſin ; mais par l'eſprit & le cœur, elle paraiſſait preſqu'auſſi avancée que

lui : on entrevoyait déja que la tendreſſe ſerait le fond de ſon caractère. Dans leurs amuſemens & dans leurs jeux, ces enfans avaient
l'un pour l'autre les égards de l'amitié &
l'empreſſement de l'amour. Les jours qu'il
faiſait beau, le Comte & la Comteſſe ſe pro-
menaient ordinairement dans un parc fort
étendu, avec leur fils & leur nièce, qu'ils
laiſſaient jouer & courir : quelquefois le Marquis s'échappait, & ſe gliſſant entre les arbres,
allait ſe cacher derrière un buiſſon de roſiers,
ou dans un cabinet de verdure : il appelait
ſa couſine ; & lorſque l'innocente Hélène arrivait où la voix de ſon couſin l'avait guidée,
elle l'entendait d'un autre côté l'appeler encore. Légère comme la biche timide, Hélène volait, ſes pieds délicats ſemblaient ne
pas toucher la terre : elle s'approchait dou-
cement, & croyait ſaiſir ſon jeune ami : mais
il avait changé de cachette. Piquée de ſe voir
déçue, Hélène lui criait une fois, —*Mon couſin, j'ai le plaiſir de te chercher depuis longtems ; ne veux-tu pas me donner celui de te
trouver?* Le Marquis l'appela de nouveau ;
mais il ne la fuyait plus. Hélène le ſurprit, &
le mena comme en triomphe auprès de leurs
parens. Ils ne s'ennuyaient jamais d'être enſemble, & leur ſenſibilité l'un pour l'autre
éclatait dans toutes les occaſions. Hélène ſur-
tout ne pouvait, ſans répandre des larmes,
voir le moindre mal à ſon couſin. Un jour, le
Comte n'avait pu préſider aux exercices du

Marquis, pour tempérer l'ardeur avec laquelle il s'y livrait. Il montait un cheval neuf & difficile : il le dompta avec assez d'adresse ; mais il revint tout trempé de sueur. La jeune Hélène était auprès de la Comtesse : —*Ah! maman*, s'écria-t-elle, *voyez donc comme le voila fait! il en sera malade.* Elle courut elle-même préparer le linge pour changer le Marquis. Le lendemain le jeune-homme eut un peu de fièvre ; il garda le lit. Hélène ne pouvait s'éloigner de sa chambre ; elle le servait : la maladie continua quelques jours : on lui fit prendre des boissons fort amères : il montrait de la répugnance. Hélène voulut en goûter ; elle parut les savourer avec plaisir, & lui disait du ton le plus tendre : —*Va, mon cousin, si je pouvais boire tout ça pour toi, je le trouverais plus doux que des bonbons*—. Le jeune-homme l'écoutait avec surprise, & consentait à recevoir de sa main le desagréable breuvage ; il eût rougi d'être moins courageux qu'une enfant. Monsieur & Madame de T ∙ ∙ ∙ , témoins de la complaisance de leur fils & de l'attachement d'Hélène, n'envisageaient pour leurs enfans & pour eux qu'un avenir enchanteur. Le Marquis guérit bientôt ; & ce fut alors que ses parens, comptant trop sur la bonté de son caractère, songèrent tout-de-bon à cultiver les heureuses dispositions qu'il montrait pour les sciences.

Le père d'Henriette & le Comte de T∙∙∙ étaient assez versés pour enseigner au jeune

Marquis tout ce qu'il en devait favoir. Pourquoi, n'ayant point confié, durant fes premières
années, l'important emploi de précepteur à
des mains étrangères, vont-ils l'abandonner
précifément lorfqu'il leur convient davantage?
C'eft à nos pères à faire de nous des hommes;
ceux qui ont abjuré ce titre faint n'y font pas
propres, ce me femble. Jufqu'alors, monfieur
de T··· & monfieur de V·· avaient partagé le
temps entre leurs occupations indifpenfables;
& les foins qu'ils donnaient à leur jeune Elève, de manière que le Marquis était toujours
auprès de l'un d'eux, ou à la compagnie de fa
mère. Ses progrès avaient été rapides ; il eut
bientôt acquis toute la fcience de fes maîtres.
Heureux, fi fachant le borner du côté des
connaiffances inutiles à l'honnête-homme &
au bon citoyen, ces fages parens euffent re-
commencé le cours d'éducation, pour donner
à leur fils le temps d'acquerir plus de folidité,
& de connaître tout le prix de la vertu !
Peut-être l'aimait-il déja: du moins il en avait
fucé le goût avec le lait ; mais fon innocence était une tendre fleur, que le moindre
orage pouvait détruire. Entre le mal & le
bien, il eft une route douteufe, que les circonftances peuvent confondre bientôt avec
celle qui conduit à l'un ou à l'autre : les guides qu'on nous y donne, les compagnons qui
courent la carrière, nous égarent ou nous
fauvent. Voila quel eft le chemin où l'on fe
propofe de faire marcher le Marquis, qui ve-

nait d'atteindre quatorze ans. Ses parens crurent de voir se conformer à l'usage, & lui donner un maître capable d'orner davantage son
esprit. Une visite que monsieur de V** rendit à
une voisine nouvellement arrivée de la Capitale, fut l'occasion de ce changement dans le
plan qu'ils s'étaient tracé. On lui parla d'un
Instituteur qui fesait des merveilles, & dont
l'Elève, fils du Maréchal de Th**, devait à ce
guide éclairé ses succès & sa vertu. Monsieur
de V**, à son retour, enflâma ses enfans,
en leur racontant ce qu'il avait appris; ils dé-
sirèrent le même avantage pour leur fils : &
pour le lui procurer, ils le conduisirent
dans la maison d'éducation la plus renommée
de la Capitale, & n'oublièrent rien pour découvrir un Instituteur qui remplît leurs vues.

Les établissemens faits pour élever la jeunesse, ne sont point mauvais en eux-mêmes; on
pourrait en tirer d'aussi grands fruits qu'on en
voit résulter de grands maux. Mais il y a bien
des changemens à faire. Des hommes trop
fameux dirigeaient alors presque tous les Colléges du Royaume. Ces maîtres, longtemps
préférés, n'aimaient que les qualités qui jètent
de l'éclat: l'humble & modeste vertu n'était pas
ce qu'ils encourageaient. On prodiguait chez
eux les distinctions flateuses à l'éloquence, à la
fécondité, à l'aisance des productions bonnes
ou mauvaises, pourvu qu'elles annonçassent
des talens : le soin de former les mœurs,
cette partie essencielle de leurs devoirs,

était négligée ; le petit mérite de les conferver pures était à peine remarqué. Vif & bouillant, plein d'ardeur pour toute efpèce de gloire, dans quels écarts ne va pas donner une âme faite comme celle du Marquis de T···! Il devança tous fes émules, parla latin comme Ciceron, le grec comme Démofthène ; il fut la Fable & l'Hiftoire ; il devint Poète, Phyficien, Géomètre, Algébrifte, Philofophe (*) enfin; plutôt enflé que raffafié de toutes ces fciences, il s'y livra trop, & négligea la vertu qu'on ne loua jamais devant lui ; le fot orgueil, la fuffifance, un air d'occupation important & mauffade, trop ordinaire à nos jeunes-gens dans ce fiècle futile, fuccédèrent à l'honnête réferve, à la défiance modefte de foi-même, à l'aimable & douce ingénuité.

En plaçant le Marquis au Collége, monfieur de T··· avait tranfplanté fa famille dans la Capitale, pour être à portée de veiller toujours fur fon fils. Ce n'eft pas qu'il foupçonnât la droiture ou la capacité des maîtres auxquels il avait confié l'unique efpérance de fa maifon; il était fur leur compte dans l'erreur commune, & ne redoutait que la contagion des condifciples. D'ailleurs, il courait après la chimère d'un Inftituteur

---

(*) Tout cela ne s'apprend pas dans nos Colléges ; mais le Marquis avait d'autres fecours. Remarquez encore, qu'il n'eft ici queftion que de la Philofophie de l'Ecole, qu'il ne faut pas confondre avec l'étude de la nature & du cœur humain : la première ne fait que des difputeurs ; la feconde fait des fages, quoi qu'en difent les nouveaux Théologiens.

comme celui de monfieur de Th· ·, & ne s'en rapportait qu'à lui pour ce choix important. En attendant qu'on le découvrît, monfieur de V·· prit une chambre à côté de celle du Marquis, & lui fervit de Gouverneur. Le Comte voulait qu'un homme fûr pût être témoin de toutes les démarches de fon fils. Ce père vertueux ignorait encore, que le premier inconvénient de l'éducation donnée par des hommes faibles comme les autres, mais que des vœux publics retiennent dans les bornes étraites d'une décence trop minucieufe, eft de faire connaître l'hypocrifie : il vit donc fon fils tous les jours; cependant monfieur de V·· & lui ne purent le garantir de ce premier inconvénient d'une éducation étrangère : doublement aveuglés par leur tendreffe & par le voîle criminel que le jeune-homme venait d'apprendre à tirer fur fes défauts, le père, encore moins l'ayeul, ne s'aperçurent d'aucun changement dans fes mœurs.

Le premier pas vers la corruption que fit le jeune Marquis, fut un attrait dégénéré en paffion pour l'étude ; attrait que l'on encourageait, & qui ferma peut-être les yeux fur fes vices naiffans. En effet, ce goût n'avait pas un principe tout-à-fait pur : l'émulation l'avait fait naître ; l'orgueil, l'envie de furpaffer fes condifciples l'entretenait; il n'avait pas d'autre motif dans ces premiers temps; car la jeuneffe eft incapable de vues plus relevées : voila pourquoi l'on ne doit point donner mer d'émules, comme on avait fait à monsieur le Marquis (auprès duquel j'étais en cette qualité); car en voulant exciter les enfans, on dévelope le germe des vices les plus funestes à la société. Ce n'est pas aux Sciences qu'on peut attribuer ces dangereux effets, c'est à la manière des Maîtres.

Il est un art charmant, qui toujours excite l'enthousiasme de la jeunesse ; art inutile d'ailleurs ; c'est la Poésie : le goût du Marquis pour le faux brillant des paroles mesurées & rimées qu'on nomme vers, se manifestait dans toutes les occasions ; il frappa le Comte, & fut comme le premier rayon de lumière qui l'éclaira sur les dispositions du jeune-homme. Un jour que ce dernier avait célébré la naissance de son père en vers latins que les connaisseurs louaient beaucoup, Henriette témoigna quelqu'étonnement à monsieur de T···, de ce qu'il ne montrait que de la froideur. Cet homme sage rendit compte de ses sentimens à son épouse devant leur fils.

—Je suis surpris, lui dit-il, de ce que l'on vante tant la Poésie ; elle ne me paraît qu'un moyen sûr de donner un air colifichet aux plus grandes choses. C'est un art très-petit, sur-tout dans notre Langue, qui n'a qu'une prosodie irrégulière & sans harmonie. J'admire quelquefois comment, malgré toutes les difficultés de ce langage abusif, Corneille a pu rendre si grandement ses pensées, & Racine s'exprimer avec tant d'élégance &

de naturel : comment le travail, dans les vers
de Boileau, double le prix de la matière : comment Rousseau , par un mérite tout opposé ,
laisse quelquefois son art sur la terre, avant de
s'élever dans les cieux : comment enfin , les
Voltaire, les Crébillon en ont surmonté les difficultés ; car on doit convenir qu'elle sert admi-
rablement bien le premier par-tout où il faut
de la délicatesse, de l'esprit, & cet atticisme qui
lui est propre. Quant à nos Poètes légers , ils
sont dans leur élément avec nos rimes enfanti-
nes. Mais j'ai constamment éprouvé , qu'après
avoir lu les chefs-d'œuvres dont nos bons
Poètes nous ont enrichis , je n'avais pas ce
sérieux persuasif, ce je-ne-sais-quoi de mâle
qu'inspire une belle prose. Notre Langue ,
dont le seul mérite est une marche noble &
simple , ne s'accommode ni des inversions , ni
des épithètes entâssées que demande l'enthousiasme poétique : ajoutez la puérilité
de la rime , qui nuit autant au naturel de
l'expression , qu'à l'enthousiasme même , es-
senciel à toute Poésie. Je conviendrai donc
que les agréables Rimeurs de nos jours anno-
blissent des bagatelles ; mais j'avance que
plus souvent encore , ils rendent bagatelles
les choses sérieuses. J'aime bien mieux qu'un
Gentilhomme écrive en Prose comme Féne-
lon & Rousseau de Genève , que de faire les
beaux vers de Racine, ou les riens char-
mans de Chapelle & de Chaulieu , (de *Ber-
nard* ou de *Dorat*). Mon fils, dit-il au Mar-

quis, sachez que le riche citoyen, exempt du travail ordinaire , se doit , par reconnaissan-ce, tout entier au service de l'Etat, & qu'il ne peut cultiver légitimement que des talens uti-les à la société : il est d'autres délàssemens pour vous : dédaignez les titres de *Poète* & d'*Amateur*; de plus nobles vous attendent : ce goût trop séduisant a répandu le ridicule sur les gens les plus estimables, par leurs qualités. Que l'homme borné par une fortune médiocre qui le retient dans une sorte d'inutilité , s'oc-cupe à bien tourner une Fable ou un Madri-gal, je l'excuse ; il peut avoir besoin de se faire connaître : mais celui qui semble né pour protéger un certain nombre d'hommes, a des études plus importantes à faire ; il doit pénétrer le citoyen de tous les Etats , & se préparer à servir chacun à sa manière , comme lui-même en est servi.

Ce qui surprendra , c'est que monsieur de T···, qui regardait le talent des vers comme futile & capable de détourner son fils de l'application à des objets plus impor-tans , lui permit cependant de cultiver un art que beaucoup de personnes considèrent comme plus dangereux & moins noble. On sait que dans les Colléges où l'éducation était confiée aux *Ignaciens*, il y avait chaque an-née un Exercice pompeux, mal-à-propos sup-primé de nos jours , dans lequel les meil-leurs Ecoliers figuraient comme Acteurs. Cet usage n'était blâmable que par les accessoires;

quant au fond , il eſt autoriſé par l'exemple de toute l'antiquité. Monſieur & madame de T··· furent invités pat les PP. à venir être témoins des ſuccès de leur fils. Mais ſi le Comte avait conſenti que l'on cultivât un talent ſans danger pour un homme de naiſſance, il avait inſinué qu'on devait lui faire ſentir, que c'était moins à l'action qu'il falait ſonger , qu'à ſe donner toute l'expreſſion du geſte , des traits, de ce langage univerſel , en un mot, que toutes les Nations entendent , & qu'il eſt beau de parler avec autant d'énergie que de grâces , puiſque de-là dépendent ordinairement le ſuccès des diſcours, la réuſſite des négociations, & juſqu'à l'amabilité dans les ſociétés particulières. En arrivant au Collége , monſieur & madame de T··· demandent leur fils. On leur répond qu'il va paraître. Les *Ignaciens* ſe feſaient une fête de ſurprendre les parens, en leur cachant les rôles que leurs Elèves devaient remplir. Un jeune Prince s'avance ſur le Théâtre ; déclame avec feu les vers d'une mauvaiſe Tragédie latine : on lui donne quelques aplaudiſſemens; il s'anime, & déployant ces geſtes heureux qui ne ſont point l'effet de l'art , mais un préſent de la Nature , il enlève les ſuffrages & les cœurs. Il effaçait tous ſes émules : mille bouches s'ouvrent à - la - fois pour le louer ; on enviait le bonheur de ſes parens, & la Comteſſe de T··· , enivrée de cet encens flateur , jouiſſait de toute la

gloire de fon fils (car c'était lui-même). Monfieur de T···, le vifage couvert de fes mains,
dérobait à fon époufe les mouvemens dont il
était agité. Lorfque la Tragédie fut ache-
vée, le Marquis étala dans une Petite-pièce
toutes les grâces & tous les ridicules de nos
Petits-maîtres. Il n'était point dans celle-ci
le feul qui brillât; le fils du Maréchal de Th··
balança quelque temps les fuffrages : mais le
Marquis devait tout furpaffer, & bientôt l'on
n'eut des yeux que pour lui. Enfuite il
donna des preuves d'un talent bien au-deffous de l'art de peindre les actions des Héros, ou les ridicules des Petits - maîtres ;
il danfa : le Comte de T··· vît fon fils,
un Gentilhomme, l'héritier d'une des premières Maifons de France, figurer au milieu
d'une troupe de Sauteurs, dont les Ignaciens
avaient obtenu difficilement la préfence, &
recevoir au milieu d'eux des éloges dont
peut-être il eût du rougir (*).

Ce fpectacle était devenu pénible pour le
Comte, depuis qu'il s'était aperçu que fon
but était mal rempli. Enfin il s'acheva. Le
Marquis hors d'haleine & conduit par fes
Maîtres, vole à fes parens ; fa mère l'embraffe, & lui fait mille careffes. Les Ignaciens demandent au Comte ce qu'il penfe de
fon fils, & du feu qu'il a fait paraître. Monfieur de T··· les regarde, la févérité fur le

---

(*) *N'es-tu pas honteux de chanter fi bien ?* difait Philip-
pe à fon fils Alexandre. Ce n'eft pas qu'on doive rougir de

front : —Vous auriez réuſſi à merveille, mes Pères , leur dit-il , ſi je vous euſſe donné mon fils pour en faire un Roſcius — (1). Après cette courte réponſe , il leur tourna le dos ; Henriette & le Marquis le ſuivirent; & les Ignaciens confus , ne ſavaient que penſer (2).

---

connaître les arts agréables : au contraire , ils ajoutent au mérite : mais il n'y a que ceux qui les exercent , qui doivent s'applaudir des Arts, comme Arts : les autres hommes, & ſur-tout les Grands , ne peuvent les regarder que comme des moyens de perfectibilité , dont le coloris doit relever d'autres qualités. Si les Ignaciens euſſent inſinué cette intention , ils n'auraient pas tant formé de fats , & de ces gens ſuperficiels , dont ils ont rempli l'Egliſe , la Robe & l'Epée. J'ai ſouvent remarqué , que ces Pères étaient tout entiers aux acceſſoires.

(1) C'était un Comédien fameux de l'ancienne Rome , en faveur duquel nous avons un Plaidoyer de Cicéron. Il était auſſi honnête-homme , qu'excellent Acteur.

(2) L'uſage d'exercer les deux ſexes ſur un Théâtre , aurait certainement ſon utilité , quoiqu'il ne fût pas ſans inconvéniens , ſi les Théâtres de la Nation étaient plus eſtimables, mieux règlés, moins dangereux par certaines pièces qu'on y ſouffre , & par les mœurs de celles que l'on y voit briller. Un établiſſement où la jeuneſſe s'exercerait de la ſorte , deviendrait très-avantageux. Un des Auteurs de l'Encyclopédie, après avoir dit que dans certains Collèges, on feſait déclamer aux Ecoliers de petites Pièces de Théâtre , pour les exercer, ajoute : « On en a reconnu l'abus dans l'Univer-
,, ſité de Paris , où on leur a ſubſtitué des Exercices ſur les
,, Auteurs claſſiques , beaucoup plus propres à leur former
,, le goût , & qui accoutument également les jeunes-gens à
,, cette confiance modeſte néceſſaire à tous ceux qui ſont
,, obligés de parler en public ,,. Cela peut être vrai : mais ces Exercices, ſi propres à former le goût, ne donnneront pas les grâces ; j'en appelle à l'expérience.

Lorſque M. de T··· fut dans ſa voiture, ſon fils vint l'embraſſer, en lui demandant d'un air timide, s'il était mécontent de lui. ——Non, mon cher Marquis, répondit le Comte; mais je le ſuis beaucoup de vos Maîtres. Je ne vous dirai pas, comme les Rigoriſtes, qu'ils ne devaient point vous faire copier des ridicules que vous pouvez prendre, loin de les corriger dans les autres: qu'ils ont fait jouer leurs Ecoliers en Hiſtrions, & qu'ils ne devaient ſe ſervir de l'hiſtrioniſme que pour vous donner l'énergie de l'imitation; qu'un Gentilhomme eſt né pour être, par des vertus éclatantes, le modèle que copient les Comédiens; & que c'eſt parmi nos concitoyens, au milieu du monde, que vous & moi devons être en effet grands, généreux, compâtiſſans, fidèles; que c'eſt nous avilir, & perdre un temps utile que de l'employer à jouer ce que nous devrions faire; que les Chevaliers à Rome ne montèrent ſur le Théâtre, pour y réciter des vers, que par l'ordre des Tyrans, & que ce fut le bon Trajan qui les en fit deſcendre (*). Je laiſſe ces lieux communs, & je conviens qu'il eſt bon d'exercer la jeuneſſe à peindre les paſſions, parce qu'on leur enſeigne indirectement par là, mais efficacement, à leur commander. Un jeune-homme exercé de longue main à

____

(*) . . . . . *Sed plus oculi debere fatentur*
    Se tibi, quòd ſpectant, qui recitare ſolent.
Martial dit que ce fut Domitien.

peindre la fureur, à en sentir les effets, ne s'y livrera que modérément dans la société; ou du moins il voudra, dans les transports de cette passion, l'exprimer avec la grâce accoutumée, & dès-lors il en tempérera l'impétuosité sur ceux qui en seront les objets. Mais vos Maîtres n'ont pas rempli le but. Ils vous ont efféminés; & fait prendre les semblans dangereux de la fatuité, dont peut-être vous conserverez longtemps la réalité——. Ces paroles éclairèrent Henriette: elle comprit pourquoi le Comte n'avait pas encouragé le goût de son fils pour les vers; & que des talens estimables en eux-mêmes, s'ils ne sont cultivés dans des vues & par des motifs convenables, cessent d'être utiles & permis.

Le Marquis parut affligé: il avait cru recevoir de ses parens des éloges, bien plus doux pour lui, que les applaudissemens d'une foule inconnue. Il voyait qu'il s'était trompé, & son amour-propre était mortifié cruellement. Il emportait encore, en se retirant, une autre inquiétude: ses Maîtres avaient déplu; il les aimait, peut-être faudrait-il les quitter.

Monsieur de T··· commença dèslors à se défier de l'éducation que recevait la jeunesse chez les Ignaciens. Il ne négligea rien pour acquérir des lumières plus sures; & comme l'on apprend très-vite ce que l'on desire beaucoup de savoir, il ne tarda pas à se convaincre qu'il leur avait imprudemment confié le Marquis. Mais sa tendresse pour son fils était ſi grande, qu'en l'ôtant de chez eux, il voulut lui donner des raiſons de ſa conduite , qui ne le mortifiaſſent pas. Il ſe rendit au Collége, le prit en particulier , & lui dit : Mon ami , vous avez atteint le terme que je juge à propos de fixer à vos études ; votre naiſſance vous impoſe des devoirs qui ne vous permettent pas de vous livrer à votre panchant : vous vous devez à la Patrie de plus d'une manière : il faut commencer par payer de votre perſonne en ſervant l'Etat : vous allez donc entrer dans un Corps dont le vrai courage eſt l'âme ; vous paſſerez quelques années parmi les Mouſquetaires ; & lorſqu'une plus grande connaiſſance de vous - même & du monde vous aura éclairé ſur ce qui vous convient davantage , nous travaillerons à votre avancement , ainſi qu'à votre bonheur——. Ce fut avec ſurpriſe que monſieur de T··· démêla dans dans la réponſe du Marquis une certaine opiniâtreté , une raideur de ſentimens , bien différente de cette flexibilité qu'il lui connut toujours. Son fils ne répondit pas aux preuves de ſa tendreſſe comme il s'y attendait. Il ſe vit obligé de lui ordonner de ſe tenir prêt à ſortir dès le lendemain, & le quitta peu ſatisfait. Henriette & monſieur de V·· virent rentrer le Comte tout ému : il leur dit qu'il avait cru devoir mettre des bornes à l'eſpèce d'enthouſiaſme que ſon fils montrait pour l'étude , & diriger cette ardeur vers des objets plus convenables au rang qu'il devait tenir dans le monde : ——Pour la première fois, ajouta-t-il, je l'ai trouvé plus sensible à la peine de changer son train de vie ordinaire, qu'aux marques de mon amitié——.Un vieillard & une mère tendre excusent facilement les fautes de la jeunesse : on ne vit rien que de très-naturel dans la petite résistance du Marquis, & peu s'en falut qu'on ne lui en fît un mérite.

Cependant le jeune de T··· sortit du Collége, & dans le même temps, ses parens crurent avoir trouvé l'Instituteur qu'ils desiraient. Ils résolurent de s'en servir pour diriger leur fils dans la nouvelle & dangereuse carrière qu'il allait fournir ; de sorte que le Comte, tranquillisé par sa confiance, ne se réserva qu'une inspection générale ; une espèce de surintendance.

En étudiant le caractère de son fils dans ce nouvel état, monsieur de T··· reconnut que ce qu'il avait pris pour un mouvement estimable d'une prédilection pour l'étude, n'était, dans le Marquis, qu'une attache à ses Maîtres & à ses habitudes. Lorsqu'il fut Mousquetaire, le genre de vie de cette nouvelle société, fut incomparablement plus de son goût que les exercices de Collége. Il oublia les *Ignaciens*, qu'il avait si fort aimés, pour chérir bien davantage ses élégans Confrères : on ne se distinguait pas dans leurs cercles par la solution d'un problême, & par un argument en *baralipton* ou en *bocardo*; le

Marquis se hâta d'acquerir le nouveau genre de mérite qu'il lui falait pour y briller ; en moins de quinze jours il eut *l'esprit du corps.*

Il entrait alors dans sa dix-huitième année. Lorsqu'il eut secoué la poussière des Ecoles , sa figure séduisante parut dans tout son éclat. Il était fait au tour , & d'une taille au-dessus de la médiocre ; ses cheveux d'un beau châtain-clair étaient bien plantés ; il avait l'œil noir & vif ; l'air affable & ouvert ; la physionomie noble & douce ; sa bouche, quoique grande , était agréable ; tous ses traits étaient mâles & fortement marqués : il se tenait bien ; était adrait , poli , tempéré par réflexion , mais emporté , pétulant par caractère ; & cependant humain , libéral , prévenant ; & par-dessus tout cela , son cœur était extrême-ment tendre : il joignait à ces qualités les talens acquis par l'excellente éducation que ses parens lui donnèrent eux-mêmes : il déposa parmi les Mousquetaires l'air sotement grâve de nos jeunes *Catons* ; (air si fort à la mode parmi nos bas Petits-maîtres, qui affectent en public l'importance & la sévérité,& qui dans le secret, ont les mœurs des courtisanes) ; il devint gai , amusant. Mais en quittant ses défauts de Collége , il en contracta de plus dangereux. Il fut extrême dans ses goûts; dévoré de la soif des plaisirs , il ignorait le grand art de n'en prendre que la fleur , de les varier , & sur-tout de les choisir.

II.^D LIVRE.

L'AGE DES PASSIONS.

Cui peccare licet, peccat minùs ; ipfa poteſtas
Semina nequitiæ languidiora facit.
Deſine, crede mihi, vitia irritare vetando ;
Obſequio vinces aptiùs ipſe tuo. 3 Am. el. 4, v. 6.

Si, lorſque les enfans ſont dans la criſe des paſſions, ils ceſſent d'aimer leurs parens, c'en eſt fait ; ils vont devenir, comme tant d'autres, le fléau de la ſociété : ce n'eſt qu'en règnant toujours au fond de leurs cœurs par les ſoins les plus tendres, par une indulgence raiſonable, une douceur jamais démentie, qu'on pourra les ſauver.

Le Comte s'était flaté, que docile à ſes leçons, éclairé par un homme ſage, prudent, expérimenté, ſon fils ſçaurait en profiter pour connaître le danger & le fuir. Il le crut longtems ; une trompeuſe décence voila les défauts du Marquis, & cachait aux yeux de ſes parens & de ſon Gouverneur même les deſordres où il ſe précipitait. Monſieur de T··· ſe reprocha bientôt de l'avoir mal-à-propos expoſé à l'inévitable ſéduction de l'exemple.

Cet Inſtituteur vanté qu'on avait mis auprès du jeune de T···, lui fut inutile : c'était un de ces hommes ſévères, qui ne ſachant pas gagner la confiance de leurs Elèves, ne les pénètrent jamais ; ils manquent toujours

le but , qu'ils marquent trop haut , & font
haïr la vertu , qu'ils peignent comme ils la
pratiquent,rebutante & fauvage. Moinséclai-
ré qu'on ne l'avait cru , ce conducteur n'eut
d'autre foin que de recommander le travail.
De ce côté-là , il n'avait rien à defirer ; par
vanité,le Marquis voulait tout favoir mieux
que les autres : & le Gouverneur féduit par
les fuccès de fon Elève , devint trop confiant
malgré fa rigidité ; il crut le Marquis fans défauts ,parce qu'il avait d'abord établi la néceffité de les lui dérober tous , en lui fefant
entendre qu'il n'en excuferait aucun.

J'ai dit que le Marquis avait l'ambition
de fe diftinguer par tout ce qui rendait
recommandable dans les fociétés où il entrait. Cette difpofition eft un ftimulant
avantageux , mais dont il faut diriger pru-
demment les effors. Que va-t-il faire, au milieu d'une jeuneffe choifie , que fes mœurs ,
encore plus que la naiffance,pourraient faire
confidérer, fi quelques particuliers , indignes
du nom de Moufquetaires , n'y répandaient
un levain de libertinage & de corruption ,
qu'on aurait tort d'attribuer à tout le Corps ?
Malheureufement ce font prefque toujours ceux-là qui donnent le ton : tout ce
qui ne les imite point , eft plat ou ridicule.
Le Marquis fut entraîné par quelques - uns
de ces fanfarons libertins , auxquels tout
le monde fait que les actions les plus horribles n'ont quelquefois rien coûté. On les

a vus souvent se faire un jeu cruel d'insulter de paisibles Citadins, & de les provoquer au combat : digne manière d'exercer le courage ! Ames viles ! *tapageurs* méprisables ! le peuple qui conquit autrefois le monde, donnait une couronne à celui qui sauvait la vie d'un Romain : qu'eût-il fait de vos pareils ? Mais ce n'est pas tout ; au lieu de s'en tenir aux honnêtes sociétés que leur naissance les met à portée de fréquenter, ils partagent les plaisirs crapuleux de la plus vile portion du genre-humain ; de ces hommes obscurs & vicieux qui ne connaissent que des femmes perdues. C'est avec ces libertines, échappées de leurs villages, ou sorties de la populace des villes, que des jeunes-gens qui doivent tenir un rang dans le monde, célèbrent de scandaleuses orgyes.... Eloignons l'effrayante & dangereuse peinture, qui dans ce moment s'offre à la pensée...... Voila les modèles qu'eut le malheur de suivre le jeune de T···. Le Comte, élevé par un père vertueux, loin de la Capitale, ne connaissait pas tout le péril où lui-même exposait son fils : le Marquis donnait dans tous les travers, dans la plus sale débauche, que ses parens & son Gouverneur lui croyaient encore sa première innocence.

Mais tandis que sous le masque hypocrite dont les pédans de Collége & son inepte Gouverneur lui firent une nécessité de couvrir ses défauts, le jeune de T··· trompe

un père tendre & clairvoyant, Hélène court
d'autres dangers , qu'Henriette eft encore
loin de foupçonner. Mademoifelle de T · ⸱ ·
allait entrer dans fa onzième année lorfqu'on
parla de conduire le Marquis à Paris. Sa tante,
qui n'était jamais fortie de la maifon de fes parens , avait cru mieux faire en fe conformant
au ridicule ufage , qui veut que des filles
deftinées à être mères-de-famille foient éle-
vées au couvent ; c'eft-à-dire , dans l'endroit le moins propre à les inftruire de ce
qu'elles doivent favoir. Monfieur de T · · ·
difait quelquefois à fon époufe qu'elle fuffifait
pour Hélène : mais la modefte Henriette fe
défiait d'elle-même. Ainfi dès qu'on fe fut
déterminé à donner au Marquis des maîtres
étrangers , madame de T · · · choifit dans
la province un monaftère pour fa nièce , &
la mit au couvent de C ⸱⸱, dont les Religieu-
fes paffaient alors pour élever les jeunes De-
moifelles mieux que par-tout ailleurs, par les
foins que leur Abbeffe , de l'illuftre Maifon
de L ⸱⸱⸱, prenait elle-même de leur éducation.
Tous les jours la Comteffe, jufqu'à fon départ,
allait paffer deux heures avec Hélène. Mais
on ne peut, en quelques femaines , acquerir
des lumières que l'expérience feule peut
donner. Heureufement , Hélène fe trouvait
alors affez éclairée pour tout apprécier ; la
trempe de fon efprit & de fon cœur était fi
excellente , qu'elle fut jouir de la tranquillité que l'éloignement du monde procure ,

des exercices en usage dans les récréations des Pensionnaires, de la vie réglée qu'elles mènent ; & se garantir en même-temps du mauvais exemple de cette jeunesse inquiète & gravement futile. Les avantages, dont je viens de parler, sont effectivement les seuls qu'on puisse tirer des Couvens : car pour tout le reste, un lieu de retraite, où la frivolité règne, n'est guères propre à former une fille qui doit un jour gouverner sa maison, ses enfans, son domestique. Ce serait à des veuves prudentes, que l'éducation des jeunes-personnes devrait être confiée, puisque les mères ne veulent plus s'en charger; & non à des filles mortes au monde, sans expérience, sans intérêt aux succès de leurs soins ; à des filles chez qui les grimaces tiennent lieu de piété ; les *flagorneries*, de marques d'attachement, & qui se donnent entr'elles, comme à leurs Elèves, leurs vues intéressées pour de l'amitié.

Néanmoins ce fut pendant son séjour chez ces filles, parmi lesquelles la douce intimité pénètre si rarement, qu'Hélène rencontra un cœur digne du sien. La jeune & belle Léonore était la troisième des filles de madame la Baronne d'E··· qu'on élevait dans cette maison : Hélène, frappée de son mérite, ne peut lui refuser son estime, & comme elles se ressemblaient par la bonté du cœur, elles devinrent inséparables : innocentes toutes deux, sincères, tendres, elles trouvaient l'une auprès de l'autre tous leurs plaisirs. Hélène & Léonore avaient le même defir de retourner auprès de leurs parens ; on ne parvint jamais à leur infpirer de l'indifférence pour eux , & de l'amour pour une vie que la nature , la raifon & la religion bien entendues réprouvent également. La Comteffe vit cette liaifon d'Hélène , & l'approuva : de forte que Léonore , touchée des marques d'affection qu'elle en recevait, attendait auffi impatiemment l'heure où madame de T · · · venait voir fa nièce , qu'Hélène elle-même. Malheureufement la Barone d'E · · , retira fa fille, longtemps avant la fortie de mademoifelle de T···;& quoiqu'une jeune Religieufe, amie de Léonore, s'efforçât de la remplacer, comme elle n'avait ni le mérite ni les fentimens defintéreffés de mademoifelle d'E···, Hélène trouva bien des momens où le vide fe fit fentir à fon cœur. Mais je dois parler ailleurs de cette Religieufe, qui était de la maifon de Q··.

Quatre années s'écoulèrent dans ce féjour ennuyeux ; mademoifelle de T · · · devait y refter encore deux ans ; mais la Comteffe qui fupportait impatiemment l'abfence d'Hé-lène , ayant fait un voyage pour la voir , elle eut occafion de connaître mieux les maifons d'Education publique. Les bienfaits qu'elle répandit fur le Monaftère , affez mal renté, l'ayant fait mettre au rang des protectrices , on lui donna un logement à l'extérieur de la maifon; elle eut même le privilége d'y entrer tous les jours , pour entretenir fa nièce. Si la Comtesse n'eût vu qu'Hélène, elle n'aurait peut-être pas connu les abus des Couvens; mais elle vit ses compagnes. Ce fut alors qu'elle eut occasion de s'apercevoir, non sans la plus grande surprise, combien elle s'était trompée, en regardant comme l'azile de la douceur & de l'innocence, une retraite où les Élèves devenaient vaines, impérieuses, défiantes, jalouses, médisantes, fourbes, indifférentes pour leurs parens, dont on a quelquefois des raisons de les détacher, & toutes de feu pour la dissipation & les plaisirs. Elle observa, que les jeunes-filles n'y trouvaient pas même la tranquillité qui semblait être l'essence de ces établissemens ; que la vie qu'elles mènent dans les Monastères est tumultueuse; qu'elles y sont dans une agitation continuelle, & se disposent ainsi de bonne-heure à n'avoir que du dégoût pour la vie sédentaire propre à leur sexe, & convenable aux mères-de-familles. Elle vit règner parmi les Religieuses l'avide *égoïsme*, l'envie dévorante & le sombre ennui. Puis jetant un nouveau regard sur le Plan d'Education qu'on suivait, pour des jeunes Demoiselles, qui du cloître, devaient passer tout-d'un-coup au gouvernement de leur maison, elle en fut révoltée. Eloignées du monde, qu'elles aiment sans le connaître, détestant le séjour qu'elles habitent, Henriette les entendit *se promettre de se dédommager un jour de mille privations puériles* dont on leur fait un châtiment. Elle vit qu'elles attendaient impatiemment cet état de liberté, dont leur imagination oisive, exaltée par la lecture de certains Romans, leur fesait une peinture trop belle pour être vraie : que des filles auxquelles toute espèce de domination est interdite, s'emparaient avidement des jeunes-personnes qui leur sont confiées, pour exercer sur elles une puissance aussi capricieuse qu'absolue ; que l'esprit minucieux d'une société qui ne peut & ne doit s'occuper que de bagatelles, rétrécit la sphère de leurs idées : que la gêne & la contrainte rendent l'humeur des Elèves, aigre, revêche, insupportable ; que ne voyant que haïr, la tendre amitié, l'aimable confiance étaient des vertus dont elles n'avaient aucun exemple ; ou plutôt, qu'on leur fesait perdre l'idée que la nature en avait gravée au fond de leur cœur; qu'il se flétrissait, ce tendre cœur; que les passions viles & le goût des petites choses le resserraient ; comme la générosité, la magnanimité, la tendresse eussent dû le dilater, &c. Madame de T · · · fut témoin de mille autres abus : effrayée, & tout-à-la-fois satisfaite, en voyant qu'Hélène était échappée au danger, elle écrivit à monsieur de T··pour lui communiquer la résolution qu'elle avait prise d'enmener leur nièce : elle reconnut enfin, qu'une fille, élevée sous les yeux d'une mère sage, apprend à cette école tout ce qu'elle doit savoir.

Mais le Comte de T···, durant l'abfence de la Comteffe, avoit fait quelques découvertes peu avantageufes fur le compte de leur fils : il pria fon époufe de revenir, & de laiffer encore Hélène pour quelque temps dans fon Monaftère. Henriette obéit, quoiqu'elle crût avoir raifon : mais accoutumée à refpecter le Comte comme à l'aimer, elle fe réferva de lui dire fes raifons de bouche, perfuadée qu'il les approuverait.

Ce fut le lendemain de fon arrivée, qu'une de ces avantures odieufes, trop ordinaires dans la Capitale, éclaira le Comte de T···, & donna de triftes lumières à la Comteffe elle-même fur la conduite du Marquis. Henriette venait de rendre quelques vifites. Un embarras furvient : madame de T··· met la tête à la portière ; elle aperçoit un homme âgé, prefque fous les piéds de fes chevaux, qui fondait en larmes. Elle fut vivement touchée, car elle penfa que ce malheureux venait d'être froiffé. Elle ordonne à fes gens de le dégager, & de le faire monter dans fa voiture. Elle s'empreffe de lui demander s'il était bleffé : alors cet homme pouffant un profond foupir, lui dit : ——Non, madame ; & plût-à-Dieu que je le fûffe, & n'avoir point d'autre fujet de peine, je n'en ferais pas réduit à defirer que le jour d'hier eût été le dernier de ma vie——. Henriette charmée de ce qu'il n'avait point de mal, n'en fut pas moins fenfible à la douleur qu'il fefait paraître : elle le preffa de lui en découvrir la caufe , en fefant entendre au vieillard qu'elle était difpofée à l'obliger. —Ah ! madame , répondit-il , pénétré des marques de bontés qu'il reçevait ; puifque vous le permettez , je vais vous entretenir de mes malheurs : ils font grands ; puiffent-ils n'exciter que votre pitié— !

Nishard (c'eft ainfi que cet homme fe nommait) était un marchand orfèvre, que la mauvaife conduite de fa femme avait ruiné. Sa famille était compofée de plufieurs filles , qui toutes avaient de la beauté. L'aînée furtout , qui fe nommait *Luce*, était de la figure la plus intéreffante. Quant à fa femme, le bon-homme avoua , dans le récit qu'il fit à madame de T···, qu'elle n'avait été guères plus réfervée fur le chapitre de l'honneur , que fur celui de l'économie ; il ajouta , que cette indigne mère s'étant aperçue qu'un homme riche remarquait la jeune Luce , elle avait donné les mains à l'un de ces arrangemens , qui paraiffent n'avoir rien que de permis ; mais dont le terme eft le defordre : fous prétexte de prendre foin de l'éducation d'une fille aimable qui n'a pas de fortune , il eft des hommes corrompus qui cherchent à fe donner des droits fur elle , & à la féduire. Luce fut mife en apprentiffage par l'homme dont fa mère avait accepté les offres : il donna une penfion affez forte pour exiger qu'on eût des égards pour elle ; &

recommanda ſur-tout qu'elle ne ſortît jamais, à moins que ſa mère & lui , de concert , ne l'envoyaſſent chercher. Heureuſement pour Luce , que cet homme eut la délicateſſe de vouloir laiſſer agir la reconnaiſſance.

La ſeconde des filles de Nishard ne fut pas auſſi heureuſe que ſon aînée. Elle plut à un Mouſquetaire nommé de Q·· , qui connaiſſait la mère, & qui n'ignorant pas combien elle avait l'âme vile & baſſe, vint un jour lui propoſer une partie de plaiſir: il lui dit que comme ſa fille *Juſtine* (c'eſt le nom de la jeune Nishard) avait la voix agréable , il la priait de l'amener : l'Opèra ſuccéda au dîner ; un ſouper délicat, des vins & des liqueurs de toutes façons, ſuivirent le voluptueux Spectacle. La mère Nishard n'était pas ſobre ; bientôt elle perdit le peu de retenue qui lui reſtait. Alors le jeune-homme , preſque ſûr de n'être pas refuſé , fit briller à ſes yeux une bourſe aſſez bien fournie pour la tenter. —Elle eſt à vous, lui dit-il, en la lui préſentant , ſi vous me laiſſez ..... —Que vous laiſferai-je, intérompit la mère, en regardant la bourſe d'un œil animé ? —Votre Juſtine , continua le jeune-homme——. La Nishard parut héſiter. Une montre fut ajoutée , avec quelques autres bijoux. Alors, en bégayant, en combatant peut être le remords , inſéparable Furie qui ſuit toujours le crime , l'infâme demanda : —Combien y a-t-il——? L'or ſe répand ſur la table ; ſon fatal éclat achève d'éblouir une malheureufe mère ; elle compte le prix de l'innocence de fa fille , & confent à l'abandonner. La Nishard retourne chez elle... Elle laiffe Juftine..., Malheureufement, le père était en campagne ; il ne revint que huit jours après cette fatale partie.

Dès que le jeune-homme fe vit feul avec Juftine , craignant quelque retour de la part de la Nishard, il fe hâta de fortir de l'appartement garni dans lequel il les avait reçues, & conduifit le foir-même la jeune perfonne dans une chambre qu'il avait meublée à ce deffein. Il lui donna une vieille gouvernante verfée dans l'art de la corruption & de la débauche , qui avait ordre de tenir la porte toujours fermée , & d'en garder la cléf. Il paffa le refte de la nuit avec la jeune Nishard , & le facrifice de fa vertu ne fut pas différé. Pour comble de malheur , en peu de temps le jeune-homme, fecondé par la vieille, fut faire gliffer le poifon du libertinage dans cette âme innocente & novice ; l'impudence & la provocante lafciveté , prirent la place de la timide modeftie. Mais le ciel eft jufte : le féducteur fut lui-même la dupe de fa perverfité.

Juftine exactement renfermée durant les premiers mois , était foigneufement cachée à toutes les connaiffances de fon Raviffeur. Lorfque le goût du jeune-homme fut émouffé, il en devint moins jaloux ; fes amis eurent accès dans l'appartement où il entrete-

nait fa maitreſſe ; & malgré l'attention qu'il
eut de ne jamais la laiſſer ſeule avec eux , la
jeune-perfonne leur parut trop innocente ,
pour ſe défendre des piéges qu'on pourrait
lui tendre. Elle était d'ailleurs vive , en_
jouée , agaçante : cette découverte les en_
couragea. Un jour , l'un d'entr'eux ſe piqua
contre le Comte de Q··; il y eut des propos
qui firent craindre un combat : le Commandant fut averti de cette querelle. Le lendemain , ſous prétexte de reconcilier de Q··
avec ſon adverſaire , des amis communs pro-
poſèrent d'aller tous enſemble le trouver chés
ſa maitreſſe. A peine ils arrivaient , que le
jeune Comte reçut un ordre du Commandant
qui lui enjoignait de ſe rendre ſur-le-champ
à l'hôtel. C'était un tour que ſes amis lui
jouaient ; tout était concerté entr'eux pour
exécuter leur deſſein. Ils eurent bientôt trouvé une commiſſion pour la vieille , qui devait
la tenir éloignée pendant quelque temps. La
facilité de la petite Juſtine , ouvrage du
Comte de Q·· , les convainquit que juſqu'a-
lors , il n'avait manqué à la petite étourdie
qu'un Amant & l'occaſion. La réuſſite de leur
projet devait les fatisfaire : cependant, comme tous , à l'exception d'un feul , étaient des
libertins fans principes, ils firent le complot de
ſe venger des peines que le Comte leur avait
données pour le tromper ; car pluſieurs fois
l'ayant fondé au fujet de Juſtine , ils s'aperçurent qu'il n'entendait pas raillerie ſur la
fidélité

fidélité de fa maîtrefie. Ils réfolurent donc , par un trait abominable de malice & d'indignité , que l'un d'entr'eux , nouvellement pénétré de ce poifon cruel, fuite & punition du libertinage , le communiquerait à Juftine, qui porterait ce préfent à leur ami. Un feul defaprouva cet affreux projet, & declara qu'il n'y confentirait jamais. Comme il était brave, & qu'il eût été dangereux de le brufquer, les autres féignirent d'en quitter le deffein : mais une pareille noirceur avait trop d'appas aux yeux de ces effrénés, pour l'abandonner de la forte ; il fut décidé qu'ils fe cacheraient de leur fcrupuleux confrère , & qu'ils confommeraient , à fon infçu , une action dont ils fe promettaient le plaifir le plus vif.

Lors donc que tout fut difpofé pour l'exécution de leur complot , ils prirent le jour où de Q·· allait à l'ordre ; un billet fabriqué au nom du Comte leur fit ouvrir la porte par la vieille ; ils furent enfuite, moitié gré, moitié force , fe débaraffer de la duègne par des commiffions lucratives. On céda , pour-lors , la jeune Nishard au miférable qui devait lui faire partager fes tourmens. Cette idée fait frémir . . . Infortunée! il ne lui manquait que ce dernier genre de corruption.

Quinze jours s'étaient écoulés , depuis cette affreufe journée , lorfque la déplorable victime fe trouva dans l'état le plus trifte : comme elle ignorait la caufe des dou-

<table><tr><td>*Ire Partie.*</td><td>D</td></tr></table>

leurs aiguës , qu'elle reſſentait , elle demanda des ſecours à la vieille. Celle-ci ,
après s'être inſtruite de la nature de ſon mal,
ne lui répondit que par des cris & des jure-
mens ; elle lui découvrit, ſans ménagement,
le genre honteux de ſa maladie. La jeune-
fille ſe deſeſpérait ; mais ce n'était là que le
commencement d'une ſcène bien plus fâ-
cheuſe. Le jeune-homme arrive. La vieille
l'accable de reproches , & lui demande , en
chargeant ſon diſcours des lourdes épithètes
de halles , s'il n'eſt pas honteux d'avoir mis
la pauvre *Petite* dans l'état pitoyable où la
voila ? & peu s'en falut que , ſans attendre
ſa réponſe , & pour marquer plus de zèle ,
elle ne le déviſageât. De Q··, étourdi des
criailleries de la vieille , & peut-être touché des pleurs que Juſtine répandait en abondance , fut d'abord interdit ; mais bientôt
élevant la voix à ſon tour , il les fit taire
toutes - deux , & commanda qu'on s'expli-
quât. Rien n'était plus clair , & l'inſtruc-
tion ne fut pas longue : de Q·· ne répondit
à la vieille que par un ſoufflet : les noms
d'infâme , de malheureuſe , & beaucoup
d'autres , accompagnèrent les mauvais trai-
temens dont il l'accabla ; dans l'excès de ſa
rage, il tire ſon épée , & s'avance ſur Juſtine ; il lui ordonne avec d'horribles mena-
ces de lui rendre compte ſur-le-champ de ce
qui s'était paſſé le jour que ſes amis étaient
venus en ſon abſence ; il jure , que le moin-

dre menſonge va lui coûter la vie. Juſtine ſe jète aux genoux de celui qui l'a perdue, & le conjure de lui donner le temps de ſe re-mettre, pourqu'elle puiſſe le ſatisfaire; & ſur-tout, elle le conjure d'ôter de devant ſes yeux ce fer terrible, dont la vue la fait évanouir de frayeur. Trop ignorante pour connaître l'im-portance du récit qu'elle allait faire , & d'ail-leurs hors d'elle-même, elle ne diſſimula rien à toutes les queſtions qu'on lui fit: ſes réponſes furent ſi naïves, que la vieille, devenue tou-te oreilles , ſe voyant diſculpée , ſe jèta ſur elle , & voulait l'étrangler. La fureur de la gouvernante calma celle du Comte de Q · · ; il fit lâcher priſe à cette mégère ; & lorſqu'il eut tiré Juſtine de ſes mains, il la conduiſit à la porte , & s'abbaiſſa juſqu'à la frapper du pied , en lui diſant : —Allez , ma mignone], faire voir à votre digne mère le fruit de ſes prudentes leçons—. C'eſt ainſi que l'infâme ſuborneur , ajoutant l'inſulte aux torts qu'il avait déja, punit ſa victime de la dépravation dont il eſt l'auteur.

Juſtine deſeſpérée , ne ſachant où ſe réfu-gier ; ne doutant pas que ſa mère ne la traitât comme la vieille gouvernante avait voulu le faire , ne roulait dans ſon eſprit que des idées funeſtes, & ſongeait à ſe délivrer par la mort des maux qui l'accablaient. Après avoir erré quelque temps à l'aventure , le hazard la conduiſit devant une de ces maiſons où la dé-bauche outrage la nature & la raiſon. Cette infortunée, fouffrante, les yeux chargés de larmes, encore à jeun, tombe de faibleffe à la porte. Une femme accourt, qui voyant une jeune fille defolée & jolie, n'héfite pas à lui donner un azile, & tout ce qui lui fera néceffaire. Cette perfonne obligeante, était une de ces créatures infâmes, qui font trafic de la beauté. Juftine n'était plus à elle-même, & fe trouvait fans reffource ; elle fuivit fa prétendue bienfaitrice fans la connaître. Lorfqu'elle fut dans la maifon, elle ne cacha pas fon trifte état, & tâcha d'intéreffer pour elle, en fefant le récit de fon malheur. Une foule de harpyes qui l'entouraient, le trouvèrent fort plaifant, & lui donnèrent à entendre affez clairement, qu'elles ne lui fefaient pas l'honneur de la craire ; elles ne lui épargnèrent pas non plus les queftions impertinentes. Cependant l'Appareilleufe, qui avait fes vues fur elle, continua de lui faire accueil, & n'eut garde de laiffer échapper une fi belle proie : bien fure que cette figure féduifante la dédommagerait amplement de tout ce qu'elle feroit obligée d'avancer. Elle propofa donc fes conditions. Juftine defefpérée, voit un moyen de conferver une vie, qui a tant de charmes à fon âge : elle ne refufe rien. Cependant l'abîme qui s'ouvre fous fes pas, ne laiffe pas de l'épouvanter. Sans avoir de vertu, l'horreur d'un état qui va la faire tomber au-deffous de ce qu'il y a de plus vil, horreur si naturelle à tout son sexe, ne laissa pas de la faire frissonner : elle pleurait amèrement, sans répondre à tout ce qu'on lui difait. Dans une conjoncture si triste, toute prête à périr, à commencer un avilissant métier, le ciel la fecourut. On annonce un Moufquetaire. C'était précisément le même qui s'était oppofé au deffein de fes amis contre de Q·· & fa jeune maitreffe. Il était bien loin de craire qu'il allait rencontrer dans ce lieu de defordre, la malheureufe Juftine. C'était à lui qu'on la réfervait ; après l'avoir prévenu fur fon état, on la lui préfente. Il fit un gefte de furprife, en l'apercevant. La jeune-fille, qui le reconnaît, court à lui, tombe à fes genoux, les embraffe, & laiffe parler fes pleurs. Le jeune-homme n'était que trop bien difpofé pour elle : ému, attendri, il la relève, la confole, la tranquillife, en donnant fur-le-champ des ordres pour l'arracher de ce lieu : lorfqu'enfuite il apprit de fa bouche tout ce qui s'était paffé, il eut peine à retenir fon indignation : il l'enmena dans fa voiture, ne la quitta qu'après l'avoir placée fûrement, & pourvut à tous fes befoins.

Revenons au père de Juftine ; à ce vieux Nishard, dont l'abfence avait été fi funefte à cette infortunée. A fon retour, furpris de ne pas trouver chez lui la plus jeune de fes filles, ce malheureux père l'avait demandée avec empreffement. Sa coupable époufe, qui s'était repentie d'un aussi grand crime , avait d'abord cherché sa fille & de Q··; mais toutes les démarches qu'elle fit n'eurent aucun succès. Elle prit alors le seul parti qui lui restait , en se préparant à jouer son rôle , de manière à tromper son mari, lorsqu'il serait arrivé. Ainsi dès que Nishard parla de Justine , elle se mit à pousser des gémissemens qui l'effrayèrent : il l'interroge ; elle s'arrache les cheveux. Le bon-homme imagine tous les malheurs , & la presse de parler : enfin elle avoue, en sanglottant , qu'elle n'a pas vu leur Justine depuis plusieurs jours. Nishard , déja malheureux , n'attendait pas ce surcroît à ses maux. Il gémit longtems sur le sort de sa fille , qu'il ne connaissait pas , mais qui répandit l'horreur sur son infortune.

Le bon marchand en était à cet endrait de son récit , & ses larmes redoublaient , lorsque la Comtesse arriva chez elle. Touchée du desastre de cet honnête-homme , elle le fit entrer , pour entendre la suite de l'histoire de sa famille , connaître toute l'étendue de son malheur , & le faire cesser , s'il était possible encore. Alors le vieillard mit plus d'ordre dans son discours , & s'exprima à-peu-près dans ces termes :

« Hier, Madame , continua-t-il , je fus obligé de sortir assez tard ; deux jeunes-gens bien mis passent rapidement auprès de moi. Ils aperçoivent une jeune-fille élégament parée, que trois hommes forçaient à monter dans un carosse de louage. —*Eh! voila Justine*, s'écrie l'un d'eux—! A ce nom, mon cœur palpite. En-même-temps ils arrêtent les chevaux : celui qui venait de parler se saisit de la portière. —*Traitres*, dit-il avec fureur, *vous allez me le payer cher*—. Il tire son épée. La foule s'arrête autour d'eux; on appelle la garde. Je gémissais en moi-même sur l'état d'une infortunée toute belle, que son mauvais sort condannait à servir d'amusement à cette jeunesse débordée. Les trois ravisseurs descendent „ écartent la foule avec leurs épées, tandis que la jeune _ personne reconnaissant son libérateur, s'élance dans ses bras, en lui donnant les noms les plus doux. Le peuple a bientôt été du parti d'un jeune-homme charmant, qui paraissait être l'amant & peut-être l'époux de la jeune-personne; on le comble de louanges; on leur sert de rempart; on les dégage; on les porte dans une autre voiture. Je m'approche comme ils y montaient, & mes yeux se fixent sur celle qu'on avait nommée Justine ..... Ah ! madame, c'était ma fille! je la reconnais; je m'écrie : mais je ne pus être entendu. Les jeunes-gens ordonnent au cocher de partir. Mes genoux se dérobaient sous moi; cependant je fis un effort : je m'attache à la voiture, & rien ne peut m'obliger à l'abandonner. Le trajet fut long; enfin l'on arrive dans le fauxbourg Saint-Germain. En un clin-d'œil, les deux jeunes-gens & ma fille en fortent , & font reçus dans une maifon dont la porte s'eft fermée fur eux. Après avoir vainement tenté de me faire ouvrir , je me fuis vu dans la néceffité de me retirer fans voir ma fille. La connaiffance de fon malheur , que je ne pouvais plus me diffimuler, me fefait fondre en larmes.

Je revins chez moi : en arrivant , je dis à ma femme que j'avais vu Juftine. A cette nouvelle , elle parut interdite , & fi confternée , que je ne pus me défendre de quelques foupçons ; mais ils me fefaient horreur , & j'en rougiffais après m'y être arrêté. Ce matin , comme je me préparais à fortir , elle a tout employé pour m'en empêcher ; en me repréfentant qu'il ferait mieux qu'elle-même allât chercher Juftine , que ma préfence pourrait trop effrayer. Elle a fi fort infifté là-deffus , que mes doutes fe font renouvelés. J'ai feint de me rendre , & la laiffant partir , je l'ai fuivie à quelque diftance , jufqu'à ce qu'elle arrivât dans la maifon où Juftine était entrée la veille. Je me fuis placé de façon à la voir lorfqu'elle fortirait , fans en être aperçu. Au bout d'un quart - d'heure , elle eft revenue. Juftine la reconduifait : cette pauvre enfant embraffait l'auteur de fa perte , qui fe hâta de la quitter , en lui difant : —Sur-tout , ma fille , qu'on te cèle à ton père. *Qu'on te cèle à ton père* , ai-je répété ! Je ne puis fonger fans épouvante à ce que j'ai fenti dans ce moment cruel. Je confidérais ma fille avec du rouge, des mouches des diamans, & ces habits coquets, infâmes attirails de la débauche. — Elle eft donc perdue, me di-fais-je, cette fille que j'aime! & je fuis réduit à méprifer, à détefter ma femme, ma compagne, la mère de mes enfans!

Mon premier mouvement a été d'aller à elle, & de la punir d'un crime qui fait fré-mir la nature. Je me fuis retenu, pour ne pas faire un éclat auffi deshonorant qu'inutile; & la voyant s'éloigner, je me fuis préfenté à la porte de ma fille. Les ordres que fa mère venait de donner, me l'auraient fait refufer, fi je n'y avais rencontré le jeune homme, qui, la veille, arracha Juftine à fes raviffeurs. Je me fuis fait connaître à lui; il m'a traité avec des égards que je n'oublierai jamais, & m'a conduit jufques dans l'appartement de ma fille. — Voila, mademoifelle, a-t-il dit, un honnête-homme que je vous préfente, dont la vue doit vous faire le plus grand plaifir—. Juftine s'habillait, elle s'eft retournée : cette pauvre fille ne connaiffait pas encore le cœur de fon père; elle a pouffé un cri perçant, & ferait tombée à la renverfe, fi je ne l'euffe foutenue. Je la mouillais de mes larmes, moi qui comptais l'accabler de reproches. Je me l'étais propofé, lorfque j'avais vu ma fille, mon fang, montrer un air fatisfait au fein du libertinage : la parole expira fur mes lè-vres. Il eft des fautes fi grandes, que l'on ne trouve point de termes pour les reprocher aux coupables. En rouvrant ses yeux, que la honte avait fermés, la malheureuse Justine a vu mes pleurs : malgré moi, je la pressais contre ce cœur paternel qu'elle déchirait. Elle s'est jetée à mes genoux ; elle me demandait pardon, & pour l'obtenir, elle disait la vérité, & révelait toute la turpitude de sa mère. Chaque mot qu'elle prononçait portait le poignard dans mon sein : eh ! quelles lumières funestes son discours n'a-t-il pas répandues sur le sort de ma fille aînée !

Justine achevait de m'instruire, lorsque le Comte de Q·· est entré ; j'ai vu l'auteur des malheurs de ma fille & des miens. Son ami l'a mis au fait en deux mots de tout ce qui venait de se passer. Puis m'adressant la parole : ——La manière dont vous venez de vous conduire, monsieur, m'a-t-il dit, me donne pour vous la plus sincère estime. J'ai tout fait, vous venez de l'aprendre, pour effacer du souvenir de Justine, les torts de son premier Amant. Lui-même est convenu que les égaremens de sa maitresse étaient l'effet naturel des pernicieuses maximes qu'il avait débitées devant une fille innocente, qui aurait pu le rendre heureux, & des conseils de la corruptrice sous la conduite de laquelle il l'avait mise : il est au desespoir de ce que par sa faute, elle s'est vue réduite à n'avoir d'autre ressource qu'un lieu infâme, dont j'aieu le bonheur de la retirer auſſitôt qu’elle y fut entrée. Mais, monſieur, lorſque je cède Juſtine qui m’a plu, à celui qui l’a aimée avant moi, les ſéparerez-vous au moment où l’orage qui les avait brouillés vient de ceſſer; & l’inſtant où ils ſe promettaient de goûter dans leur réunion, les plaiſirs les plus doux, ſera-t-il celui de la douleur & du deſeſpoir? Car il ne faut pas vous taire que je leur avais donné rendez-vous à l’Opera: Juſtine a ſon appartement vis-à-vis; elle n’avait qu’un pas à faire; de Q** devait s’y trouver comme par hazard: là, je me propoſais de les reconcilier aux dépens de mon propre cœur: les malheureux qui avaient ſi cruellement abuſé de l’innocence de votre fille, l’auront vu ſortir de chez elle, & l’ont aſſaillie; ils l’enlevaient ſans doute pour l’outrager encore; ſon amant & moi nous ſommes heureuſement ſurvenus dans cet inſtant, & nous l’avons miſe pour jamais à couvert de leurs embuches. Nous comptions n’avoir plus d’obſtacles à ſurmonter....... Mais non, monſieur, votre rencontre n’en eſt pas un: j’ôſe me flatter que vous laiſſerez Juſtine à l’amant dont elle eſt adorée. Les loix de l’honneur le plus ſévère ne défendent pas un tendre attachemenr; & ſi ma prière eſt de quelque poids...... Vous paraiſſez me deſaprouver, monſieur: mais ſongez que de Q** veut lui faire un ſort: & puis, votre fille eſt hors de chez vous; tout eſt dit il y a longtems ; le récit qu'on vient de vous faire ne laisse aucun doute là-dessus . . . . Je vous en prie , continuait-il , en me prenant les mains , n'affligez point ces pauvres enfans ; que le jour où vous retrouvez Justine soit un jour de joie—— . . . .

Je vous l'avouerai , madame , je fus extrêmement peiné qu'un jeune-homme généreux & compâtissant , fût si peu délicat sur l'honnêteté des mœurs. Je lui répondis avec tous les égards qu'il méritait , mais avec un air de fermeté, qui cependant ne lui déplut pas, que je ne pouvais consentir à voir ma fille dans le desordre. Je me disposais à l'emmener , & je lui avais déja ordonné de me suivre , ne présumant pas qu'on osât la retenir; mais je reconnus que je me trompais. De Q··, furieux contre moi, l'a fait passer dans une autre pièce , & je ne l'ai plus revue.

Le jeune-homme a paru desaprouver le procédé violent de son ami : il a pendant long-tems tout employé pour me consoler. Qu'il est séduisant ! il charmait sans doute ma douleur , mais ne la guérissait pas. Il a pourtant excité ma confiance , lorsqu'il m'a promis de mettre de Q·· à la raison, & de me faire rendre Justine. Charmé de cette promesse, je n'ai pas hésité à lui ouvrir mon cœur au sujet de mon autre fille.——Quoi ! m'a-t-il dit avec un empressement extraordinaire , vous en avez encore une? elle est aussi bien que Justine? elle est exposée——?.. Il a voulu que nous allassions sur-le champ l'arracher au danger; il m'a prefque entraîné , & j'ai fenti que je le fuivais avec plaifir. Mais n'ai-je pas commis une imprudence en lui fefant connaître ma chere Luce ?... Nous l'avons trouvée chez fa maitreffe , occupée , attentive , aimant l'ouvrage : lorfqu'elle nous a parlé , l'innocence & l'ingénuité fe peignaient encore fur fon front. Le jeune-homme en paraiffait charmé. O Dieu! me fuis-je dit à moi-même en la voyant, celle-ci du moins aura-t-elle évité le fort de fa malheureufe fœur! Madame , j'implore votre pitié : daignez protéger mes filles & moi. Le défenfeur de Juftine m'a dit que dès demain il placerait Luce auprès d'une Dame refpectable , qu'il nomme la Comteffe de J · · ; mais dois-je me fier à quelqu'un dans un fiècle——..... Tout-à-coup le vieillard s'arrête ; il regardait quelqu'un qui parlait dans la gallerie : ——Madame, eh, le voilà, s'écrie-t-il! par quel bonheur fe rencontre-t-il chez vous? je viens de le voir , ce bienfefant jeune-homme, fans qui ma fille était perdue pour jamais .... Le voilà.... Madame , il s'approche »....

La Comteffe fe lève , elle aperçoit fon fils : quel fut fon étonnement ! En abordant fa mère , le Marquis de fon côté , ne fut pas moins furpris de la préfence de Nishard. Cependant il affecta beaucoup de liberté, en la priant de s'intéreffer en faveur de cet honnête-homme, dont il lui fit l'éloge. Et s'adreffant à Nishard:

J'ai parlé à madame la Comtesse de J***, lui dit-il , pour votre fille , c'est une affaire terminée. Vous pourrez la présenter demain à dix heures chez cette Dame ; je m'y trouverai. En même-temps, il embrassa la Comtesse , en lui disant qu'il était fâché de la quitter sitôt , mais que son devoir le rappelait à l'Hôtel.

Nishard , sans le savoir , venait de donner à la Comtesse de tristes lumières sur la conduite & les liaisons de son fils. Elle renvoya le vieillard , après l'avoir engagé d'accepter une somme pour ses besoins les plus pressans. Elle l'assura de nouveau de sa protection , dont elle se proposait de lui faire voir les effets dès le lendemain.

Lorsque le Marchand fut parti , madame de T··· s'abandonna aux réflexions que son récit fesait naître ; elle se rappelait sur-tout que son fils avait trouvé Justine dans un lieu où il n'allait pas pour elle , & ces mots, *Je cède Justine , qui m'a plu ; je les reconcilie aux dépens de mon cœur.* Ce qu'il avait dit en-suite l'affligeait davantage encore ; il avait entrepris de persuader à un père, qu'il pouvait laisser sa fille au sein du libertinage ; & confondant la débauche & l'amour, *les loix de l'honneur le plus sévère ne défendent pas un tendre attachement* , avait-il ajouté. Elle s'affligea le reste du jour , & ses craintes allaient toujours en craissant , lorsqu'on lui annonça le retour de son époux.

Monfieur de T··· arrivait de Fontaine-
bleau, où la Cour était pour-lors. En tra-
verfant le carrefour de la Comédie-Fran-
çoife, il avait aperçu fon fils. Il fait arrêter,
defcend, & fuivi d'un feul domeftique, il
vole fur fes pas. En s'approchant de plus
près, il reconnut qu'il était avec le Comte
de Q··, dont la réputation était perdue,
& l'amitie undeshonneur. Un vieillard & une
jeune-fille les accompagnaient. De Q·· parlait à cet homme avec beaucoup de feu. Ils
entrèrent dans une maifon fans apparence:
monfieur de T··· s'arrête un moment; il
réfléchit fur ce qu'il doit faire. Il n'était pas
encore déterminé, lorfque le Marquis & de
Q·· fortirent. Trop de motifs engageaient
le Comte à approfondir cette aventure, pour
n'en pas faifir l'occafion. Il fuit le domeftique qui venait d'éclairer les deux jeunes-
gens jufqu'à la porte de la rue; il entre avec
lui. Monfieur de T··· trouve le vieillard
au milieu de deux filles jolies, & tous trois
fondans en larmes. Ce fpectacle l'intéreffe,
& fait un peu changer l'idée qu'il a d'abord
prife d'un lieu où de Q·· conduifait le Marquis. La prefence inattendue d'un homme
refpectable furprend le vieillard, mais ne
lui caufe point cet effroi qu'éprouvent les
malhonnêtes-gens. Il allait parler; le Comte
le prévient, en lui fefant des queftions fur
les jeunes-gens qui fortaient de chez lui. Le
vieillard fatisfait avec candeur à tout ce qu'il

lui demande. Cependant le Comte n'était pas affez inftruit. Quelle était la caufe de ces larmes ? & comment fon fils connaiffait-il ce vieillard & fes filles ? Il fe nomme, & dit à l'inconnu de lui confier fes chagrins. Le vieillard lui répond par une exclamation de furprife : il commence par raconter ce qui vient d'arriver dans la journée , & le bonheur qu'il a eu d'être remarqué par madame la Comteffe de T···. Il n'omet rien de fon hiftoire ; il ajoute, en montrant fa fille aînée, que c'eft là celle que le Marquis devait placer chez madame la Comteffe de J··; qu'il vient de l'amener, à la follicitation du Marquis , afin de paffer la nuit tous trois enfemble , en attendant l'effet des promeffes de madame la Comteffe, qui doivent s'effectuer le lendemain. Le vieillard embraffe les genoux du Comte , & le combla de bénédictions. Luce & Julie imitent leur père; & monfieur de T···, convaincu qu'ils le méritaient, leur promet de joindre fes fecours à ce que ferait fon époufe en leur faveur.

Mais , s'il était fatisfait du vieillard , la conduite du Marquis de T··· , qu'il a démêlée , malgré l'attention du père de Juftine à le difculper , fit naître dans fon cœur les regrets les plus vifs. Il remonta dans fa voiture , & fut à l'Hôtel des Moufquetaires. Il prit en particulier le Gouverneur de fon fils , & s'informa de fa manière de vivre. Par les réponfes de cet homme , le

Comte demeura perfuadé qu'il avait été la
dupe de fon Elève, & que le Comte lui-même
paſſait dans fon efprit pour un modèle de
vertu. Monſieur de T··· intérompit leur
éloge, que le Gouverneur avait commencé, pour lui apprendre tout ce qu'il venait de
découvrir. ——Je crayais, monſieur, ajouta-
t-il, que vous aviez fon amitié & fa confiance ; je vois que vous avez ignoré fes travers ; vous en êtes un peu moins criminel à
mes yeux, mais vous n'êtes pas excuſable :
deformais le Marquis n'aura d'autres guides
que monſieur de V·· & moi.

L'accablement du Comte en arrivant chez
lui, frappa vivement Henriette & fon père :
ils s'empreſsèrent tous deux pour en connaître la cauſe. Monſieur de T···crut devoir la diſ-
fimuler à l'ayeul de fon fils ; il prétexta une
légère indifpofition. Mais lorqu'il fut feul
avec la Comteſſe, fes larmes coulèrent malgré lui en la regardant. Cependant il ne négligea rien pour calmer une épouſe effrayée.
——Vous favez tout ce qui m'afflige, lui dit-
il : en un même jour, nous fommes inftruits
l'un & l'autre des égaremens d'un fils que
nous étions bien loin de craire fouillé par
de honteux defordres——. Il lui fit alors le récit de ce qui venait de fe paſſer. Monſieur
& madame de T··· versèrent des larmes amères, en fe communiquant les circonftances
d'une avanture que d'autres parens auraient
traitée de bagatelle. Comme ils fe repen-

tirent alors d'avoir éloigné de leur préfence le Marquis & la jeune Hélène ! Ils réfolurent de faire revenir dans leur maifon ceux que la nature , la tendreffe paternelle , & les loix leur ordonnaient d'inftruire , de défendre , de préferver de la corruption. Ils fe dirent : Notre fils a la fcience du bien & du mal ; tâchons de faire tourner à fon profit une connaiffance néceffaire à l'homme focial ; mais que des étrangers donnent trop dangereufement.

Le lendemain , le Comte & la Comteffe, pour remplir leurs engagemens, envoyèrent dès le matin chercher Nishard & fes filles. Monfieur de T••• furpris de ne voir que Luce avec fon père , demande au vieillard où eft Julie ? ——J'ai amené mes deux filles, monfieur, répondit le Marchand; mais voici la feule qui foit digne de paraître devant madame la Comteffe & devant vous , pour vous remercier avec moi de vos bontés. Mes illuftres bienfaiteurs , votre générofité l'a fauvée——; Enfuite il les pria de lui donner un moment d'audience particulière , pour leur détailler ce qu'ils ignoraient encore : & comme il ne voulait pas deshonorer fa femme dans l'efprit de Luce , il lui ordonna d'aller rejoindre fa fœur. Nishard apprit au Comte & à la Comteffe , que la veille , il avait trouvé le Marquis & monfieur de Q•• qui l'attendaient à la porte de l'Hôtel de T••• ; que tous deux lui avaient montré les difpofitions les plus raisonnables , & s'étaient bornés à lui demander qu'il prît huit jours pour se déterminer , l'assurant que pendant cet intervalle , il serait le maître chez Justine ; que le Marquis avait ajouté, qu'il falait mettre Luce auprès de sa sœur. ——Je ne goûtais pas ce plan , ajouta Nishard ; mais monsieur votre fils m'a donné sa parole d'honneur qu'elles seraient toutes - deux également respectées , & je l'ai cru. J'ai eu la satisfaction , en reprenant Luce , de m'apercevoir que sa maitresse était une femme estimable. Elle n'a pas eu le moindre soupçon , en voyant un homme faire quelque chose d'utile pour une jeune-fille dont il connaissait la mère. J'ai ressenti la joie la plus vive , lorsqu'elle m'a dit que, depuis deux ans que Luce était chez elle , cet homme (honnête selon elle) ne lui avait jamais parlé seul-à-seule ; que tous ses discours ne tendaient qu'à lui donner d'excellens avis , & que cela n'avait pas médiocrement contribué à la confirmer dans l'opinion qu'elle avait toujours eue, que c'était un homme de bien. (Si je n'avais su à quoi m'en tenir , j'aurais pensé comme elle.) Elle a ajouté , que mon épouse & ce Monsieur , ayant expressément défendu de laisser sortir Luce en aucun temps que par leurs ordres , elle les avait exactement suivis jusques-là ; mais que sentant bien qu'un père était le maître, elle me priait de lui laisser un mot signé de ma main , qui lui fervirait à prouver qu'elle ne l'avait remiſe qu'à moi. J'ai fait avec plaiſir ce qu'elle exigeait ; & nous avons amené ma fille aînée auprès de ſa ſœur.

Je n'ai pas revu ma femme depuis hier matin. Vous ſavez combien elle eſt coupable. Luce, par un récit exact de tout ce qui s'eſt paſſé, lorſqu'on l'a miſe en apprentiſſage chez la Marchande, n'a fait qu'aggraver ſes torts. C'eſt le haſard, ou plutôt la protection du ciel qui l'a ſauvée ; ſa mère l'avait vendue comme ſa ſœur. Cependant... Vous connaiſſez tous mes malheurs, monſieur, & vous auſſi, ma généreuſe protectrice : vous venez d'en tarir la ſource.... Daignez me conſeiller la conduite que je dois tenir avec celle qui depuis trente années eſt ma compagne ; que j'ai tendrement aimée ; qui m'aima de même dans des temps plus heureux ; dont l'étourderie & la négligence ont renverſé ma petite fortune, & qu'enſuite tous les vices ſont venus avilir au ſein de l'indigence & de la pauvreté.— Le Comte dit à Nishard de conſulter ſon cœur, & de le prendre pour juge. —Ah ! monſieur, reprit le vieillard, ſi je le conſultais, il me dirait encore que les filles qui me reſtent, grâces à vos bontés, n'ayant plus rien à craindre de leur mère, je dois lui pardonner, vivre avec elle comme auparavant, & tâcher de rappeller dans ſon âme abrutie quelques étincelles de raiſon—. La

Comtesse approuva Nishard ; elle lui promît de rétablir ses affaires , & de ne jamais l'abandonner. Et se tournant vers son époux : —Quel malheur pour des enfans , lui dit-elle , mon cher Comte , lorsque leur père ou leur mère sont vicieux ! Les exemples & les préceptes les perdent alors sans ressources—.

En même-temps madame de T··· donna ses ordres pour Justine , qu'il était à propos d'éloigner pour quelque temps de toutes ses anciennes habitudes , en la mettant dans une retraite sûre. Le Monastère où elle la fit conduire n'était pas une de ces maisons où il est deshonorant d'avoir été : la Comtesse les regardait comme des établissemens abusifs , qui punissent moins des fautes passées , qu'ils n'anéantissent les bons-propos à former: elle savait qu'il ne faut pas avilir le coupable , lorsque l'on veut qu'il se corrige, & que cet obstacle est le plus grand à son retour vers le bien. Ce fut un Couvent ordinaire qu'elle choisit , mais le plus régulier , celui dont les Religieuses étaient le mieux unies entr'elles. Justine devait cependant y rester peu , seulement pour le motif que j'ai dit , & afin que ce séjour lui rendît l'air de décence qu'elle avait perdu. C'est-là le véritable & le seul avantage qu'on puisse retirer de ces maisons. Madame de T··· se proposa de continuer par-la-suite à prendre soin de cette fille , & de travailler à son bonheur, ſi elle ſavait s'en rendre digne. La ſeule idée, que ſon fils l'avait aimée, lui feſait regarder comme un devoir cet acte de généroſité (*). Pour Luce, elle voulut la mener elle-même chez madame de J··, Henriette y trouva ſon fils. Elle fut reçue de la jeune Comteſſe avec des marques extraordinaires de reſpect & d'affection : cette Dame lui dit qu'elle trouvait Luce infiniment de ſon goût; mais que cette fille lui ſerait à jamais ſingulièrement chère, à cauſe de la main qui la lui offrait.

Le Marquis revint avec ſa mère pour ſaluer monſieur de T···. Ce tendre père, après avoir embraſſé ſon fils avec la même cordialité qu'autrefois, lui fit entendre qu'il deſirait de le revoir chez lui : mais il ne lui dit rien du motif de cette réſolution. L'on parla de Juſtine. Le Marquis rougiſſait. On comprit à ſon embarras, à ſes réponſes précipitées, qu'il craignait qu'elle n'eût été trop ſincère. Ses parens lui cachèrent avec ſoin qu'ils euſſent pénétré toute ſa conduite : comme ils voulaient employer d'autres moyens que le réprimandes & les punitions, pour le rappeler au genre de vie honnête, ils devaient paraître ignorer que leur fils s'en fût écarté.

______

(*) Il faut conſacrer ici quelques lignes à la reconnaiſſance : cette Juſtine Nishard, aujourd'hui fille pieuſe, mère-de-famille reſpectable, excellente épouſe, fait le bonheur d'un père, d'un mari, élève d'aimables enfans : & tous ces avantages, tous ces biens ſont dûs à madame la Comteſſe de T···. Qu'une belle action a d'heureux & de nombreux effets !

Pour que le Marquis quittât décemment un Corps honorable , dans lequel il n'avait paſſé que très-peu de temps , monſieur de T ··· obtint l'agrément du Roi , pour céder ſon Régiment à ſon fils. Ce père ſage ne laiſſait jamais ſoupçonner le motif de ſes démarches. Il voulait avoir auprès de lui l'homme dont il devait compte à la Patrie ; mais il n'eut garde de montrer la main d'un guide , & d'humilier celui qu'il voulait faire toujours penſer dignement de lui-même : il ne négligea rien pour lui inſpirer l'amour de la vertu; mais au lieu de vaines & froides dé-clamations ſur la dépravation des mœurs, il employa l'exemple plus efficace d'une vie que la ſageſſe rendait heureuſe. Il ne réuſſit pas d'abord , & s'y était attendu ; le Marquis était trop avancé dans la route de la corrup-tion, pour revenir tout-d'un-coup ſur ſes pas. Plus d'une fois le Comte crut devoir engager une mère tendre , que les égaremens d'un fils uniquement aimé pénétraient de dou-leur , à la renfermer en elle-même : il lui fit entendre qu'il falait dévorer ſes larmes prêtes à couler , parce qu'alors elles les eût répandues en vain ; ce qu'il était important de ne pas faire : il lui promit de l'avertir quand il ſerait temps d'employer ce moyen , qui ne réuſſit pas ſur tous les cœurs. Mais comme elle lui parut trop ſenſible , il forma la réſolution de lui dérober toujours une partie de la vérité. Inutile précaution ! Henriette de son côté , savait pénétrer tous les secrets de son fils , & mieux instruite que le Comte de tous les travers du jeune-homme , c'était elle qui souvent épargnait un père , en les lui cachant.

On sera peut-être surpris que des parens aussi vertueux se contentassent d'éclairer toutes les actions de leur fils , & d'en être, pour ainsi dire , les témoins , sans employer leur autorité pour en arrêter le cours dangereux. Ils étaient trop sages pour se conduire ainsi. Ne pouvant se dissimuler la faute qu'ils avaient faite en abandonnant le Marquis à des mains étrangères , avant qu'il fût assés formé pour résister également au scandale du mauvais exemple , & aux amorces insidieuses de la volupté , ils connurent qu'il n'était qu'un moyen de la réparer. —Si nos défenses , se disaient-ils quelquefois, suffisent souvent pour prêter aux objets indifférens en eux-mêmes un charme irrésistible , que sera-ce lorsque nous contraindrons un panchant fougueux & séduisant ? C'est prétendre arrêter par une faible digue le cours d'un fleuve déja débordé; ou retenir l'éruption d'un volcan , lorsque le soufre , le bitume & les métaux embrâsés commencent à s'échapper. Otons à ses débauches leur plus puissant aiguillon , le plaisir de s'y livrer à la dérobée, en trompant chaque jour, par des ruses nouvelles , ceux qu'il regarderait comme des tyrans ennemis de son bonheur.

Il faut favoir fe poſſéder, être doué d'une rare prudence, pour réuſſir en prenant ce parti, & j'avoue que peu de parens en ſont capables. Car monſieur & madame de T··· deſeſpérèrent quelquefois d'en tirer l'avantage qu'ils s'étaient promis. Inſenſible à leurs ſoins & à leur tendreſſe, le Marquis, bien-loin de profiter des leçons que lui donnaient indirectement leurs ſages entretiens, ſe ſervait de la liberté qu'on lui laiſſait, pour abandonner ſes parens en quelque façon : à-peine le voyait-on une fois le jour : il paraiſſait auſſi rarement à leur table que s'il eût été un étranger : tout ſon temps était employé avec ces indignes amis qu'unit le vice, & le même goût pour le libertinage ; toujours prêts, malgré leurs vives proteſtations d'amitié, à ſe jouer des tours ſanglans, à ſe couper la gorge pour un mot.

Par une ſuite des principes du Comte de T··· qui n'étonnera pas moins, Henriette fourniſſait à ſon fils, l'argent qu'exigeaient ſes depenſes, ſans jamais lui en demander l'uſage. Il eſt des fautes, des crimes même que le libertinage occaſionne, dont les ſuites ſont effrayantes : Pour ſoutenir une ſorte de faſte, & ſatisfaire leurs goûts, de jeunes inſenſés, dans l'ivreſſe des paſſions, s'abandonnent à des actions dont ils étaient bien loin de ſe craire capables auparavant, & dont ils rougiſſent après. Cependant le dés-honneur ſuit, & le remords ne lave pas la

tache. D'autres abforbent la moitié d'un pa-
trimoine immenfe par des emprunts à inté-
rêts, avant d'en être les poffeffeurs. La conduite de monfieur de T··· garantit au
moins fon fils de ces écarts. S'il amenait à
la maifon fes compagnons de débauche, ils
étaient reçus d'une manière convenable à
leur naiffance & à leur nom: le Comte, dont
l'âme était nâvrée, fefait paraître une honnête gaîté, qui lui gagnait leurs cœurs.

Au milieu des chagrins que les dérèglemens
de fon fils lui caufaient, il eut un inftant de
fatisfaction. Il entendit un jour féliciter le
Marquis fur le bonheur qu'il avait d'appar-
tenir à des parens d'un fi rare mérite. —Ma-
foi! lui difait un de ces jeunes-gens, fi mes
parens reffemblaient aux tiens, il fe feraient
adorer; je voudrais ne les pas quitter un
moment, ou du moins que par leurs ordres:
non, mes amis, vous ne me verriez plus
partager vos plaifirs; j'en goûterais de plus
réels avec les dignes auteurs de mes jours:
mais, hélas! qu'ils font différens du Comte
& de la Comteffe de T···! & pourtant,
c'eft moins eux que je fuis, que d'éternelles
& mauffades remontrances, d'autant plus
ennuyeufes, qu'elles font toujours les mêmes;
& cela, par la raifon toute fimple, que moi,
j'y donne à-peu-près toujours le même fujet.
—Mordieu! reprit un autre, tu as raifon,
mon ami: encore s'ils variaient leurs fati-
guantes inftructions, on refterait quelque

fois auprès d'eux pour le plaisir d'avoir du nouveau. Mais, comme tu dis, toujours la même
chose ! quî diable pourrait y tenir ! ——Par
cette raison seule, je n'y tiendrais pas, reprit
un troisième (& c'était le Comte de Q , fis-
sent ils mon panégyrique plus ampoulé &
aussi extravagant que celui d'un apôtre Jé-
suite ou Capucin : ainsi je laisse à juger avec
quel soin j'évite un tête-à-tête, où l'on me
répète mille fois ce que je sais mieux qu'ils
ne le sauront de leur vie, que je suis un vau-
rien : je les vois rarement ; encore si je parais
chez eux, ce sont les jours où l'on reçoit
grand monde, & je me trouve au parfait de
cette méthode——. Tous les autres, & sur tout
un d'entr'eux, nommé le Comte de Saint-
A··, dont la retenue aurait pu servir de
modèle à cette troupe débordée, félicitèrent
le Marquis sur son bonheur. Un seul lui
demanda, s'il était aussi réel qu'il le paraît-
sait ? Alors le jeune homme porta dans l'âme
de son père une joie nouvelle, en peignant
ses bontés d'une manière aussi touchante que
vive. Son cœur est encore bon, se dit alors
monsieur de T···; peut-être il reviendra :
mon fils peut-être sera vertueux, & fera notre bonheur un jour. Il se hâta de faire passer
ces heureuses espérances à son épouse.

Mais tandis que le cœur du Comte & de
la Comtesse étaient agités comme une mer
orageuse, l'aimable & jeune Hélène jouissait
au couvent de la tranquillité que donne une

[100]

âme pure & contente d'elle-même. Le defir que
l'on avait eu de l'en ôter s'était ralenti: on eut
peur que l'inconduite du Marquis ne la frap-
pât, & ne lui donnât de l'éloignement pour
fon coufin. D'ailleurs, il pouvait être imprudent de permettre à leurs cœurs de fe lier
dans un temps où l'un des deux était fi peu
digne d'eftime. Si l'aimable Hélène lui paffait fes travers, n'était il pas à craindre que
l'exemple de fon coufin ne diminuât l'horreur qu'ils devaient infpirer. Et fi, délicate
autant que vertueufe, ils venaient à trop l'effrayer, c'était s'expofer inconfidérément à
faire avorter un projet d'union, depuis longtemps leur plus douce efpérance. Mais bientôt la préfence d'Hélène va leur devenir néceffaire, pour compenfer, par la confolation
qu'elle leur donera, les chagrins que leur cau-
fent les nouveaux dérèglemens du Marquis.

Monfieur & madame de T··· remarquè-
rent que depuis l'avanture de la fille de Nishard, leur fils affectait un air plus réfervé,
fans renoncer à fes liaifons, & fans être
plus affidu auprès d'eux; au contraire ils le
voyaient plus rarement que jamais. : le prétexte de fes abfences était des parties à la
champagne, avec des gens connus de fon père,
redoublèrent d'attention : mais le Comte
ne crut pas devoir changer le plan qu'il
s'était prefcrit. Cet éclairé parent favait qu'un
fleuve débordé, ne rentre jamais dans fon
lit fans caufer de ravages; ainfi l'apparente

régularité de son fils ne lui en imposait pas
Une vague inquiétude s'empara de son âme:
il tremble, & pourtant il ignore ce qui le
fait trembler. Néanmoins, je le répète, loin
d'appesantir le joug, il le rendit insensible.
—En usant de toute mon autorité, disait-il
à Henriette, je n'en ferai qu'un hypocrite,
qui ajoutera à ses autres desordres, la haîne
envers son père: si vos exemples, ceux que
monsieur de V·· & moi nous efforçons de
lui donner, si les éloges que toutes bouches
font ici la vertu, d'autant plus propres à
produire leur effet, qu'ils n'ont point l'air
du reproche ; si tout cela jusqu'à - présent a
glissé sur son cœur, qu'opéreront les sévères
réprimandes, les punitions révoltantes ? Ma
chère compagne, j'augurerais mal de lui,
si ces moyens odieux le fefaient changer de
conduite: un noble sentiment de fierté, révolte l'homme contre toute défense arbi-
traire, fût-elle juste, fût-elle indispensable :
il se dit à lui-même, Cette action est criminelle, j'en conviens, mais je l'aurais vu
sans toi: pourquoi viens-tu m'avilir par ton
autorité, par tes ordres? Je veux te braver ;
& seulement pour te montrer que je suis
libre, je ferai le mal que tu m'as défendu.
J'ôse dire que ce sentiment est légitime ; &
qu'on doit plus espérer de l'homme qui
pense ainsi, que de l'âme engourdie, ou
lâche, ou faible, ou intéressée, ou hypocrite, qui se soumet ignoblement, & sans

examen : point de vertu fans générofité , fans une noble eftime de foi-même , qui confifte , non à s'élever audeffus des autres , ce ferait orgueil ; mais à fentir fa dignité , fa liberté , privilége exclufif du feul être intelligent de la nature. Donnons des avis indirects ; duffions-nous ne réuffir que fort tard : feignons de ne point voir : faififfons la moindre occafion de louer ce qu'il fera de bien : pour peu qu'il ait d'intelligence , il fentira que nous ne fommes pas aveugles : & quelles réflexions cela ne lui fuggérera-t-il pas ! Qu'un tyran Afiatique extorque par la crainte de bonnes actions à fon efclave épouvanté , tous deux ont fait ce qu'on pouvait attendre d'eux. Mais un père... l'ami , le protecteur , le défenfeur , de fon fils ; il doit le craire perdu s'il ne parvient à lui faire aimer fon devoir. Eût-il en ma préfence toute la fageffe de Socrate , ou l'âme fublime de Caton , quel avantage cela produira-t-il , fi fon cœur eft corrompu ? qu'il n'attende que mon abfence pour fuivre fon mauvais naturel , & fe plonger dans la fange ? s'il defire ma mort , comme devant le délivrer d'un incommode cenfeur ? Voila cependant tout ce qu'on peut efpérer de la contrainte & de la févérité. Ah ! c'eft là le plus grand des malheurs pour un père. Quoi ! ce fils fi cher dont l'enfance me coûta tant de foins & d'alarmes , plus cruel à mon égard que l'étranger qui ne me connaît pas , regardera le dernier de mes

[103]

jours comme le premier de son bonheur! Non! cette idée est affreuse;elle m'épouvante. Que mon fils soit heureux en aimant la vertu, c'est-là sans doute le premier & le plus vif de mes desirs: mais si l'exemple du siècle; .. si son cœur égaré... chère épouse! s'il devenait coupable de ces vices, qui, sans ôter le titre d'homme d'honeur aux yeux du monde, empêchent cependant qu'on ne soit honête-homme;qu'il soit heureux encore: je n'irai pas, divulguant ses défauts, par un éclat inutile, apprendre à tout le royaume que je fus un malheureux père: je laisserai toujours à mon fils une porte ouverte pour revenir à la vertu, en lui sauvant la honte de m'apercevoir qu'il change, même en mieux——. Voila comme pensait le Comte de T···; qui, malgré ces dispositions, prenait toutes les précautions imaginables pour n'ignorer aucune circonstance des actions de son fils. Il avait une cléf de sa chambre & de son secrétaire; il lisait toutes les lettres que recevait le Marquis, & souvent celles qu'il écrivait: son indulgence eût eu des bornes,s'il se fût tramé quelque démarche, dont les suites n'eussent pu se réparer.

La conduite de ce père vertueux pourra révolter ces parens despotes, qui ne savent que commander & se faire haïr; & peutêtre même encore ces cœurs droits, qui reçoivent toutes les coutumes établies, sans les examiner.Un seul mot leur répondra.*L'on ne peut concilier la justice de Dieu, avec sa puissance & sa bonté, qu'en supposant qu'il était nécessaire de faire naître l'homme libre.* Et vous voulez, plus sages que Dieu même, priver vos enfans de la liberté, sous prétexte de conserver la pureté de leurs âmes! illusion! ce moyen aisé ne fit jamais que des hypocrites, de viles esclaves du vice, auquel votre défense a donné des attraits : l'interdiction étant pour le vice, ce qu'est la parure pour une coquette.

Mais nous sommes arrivés à l'une de ces circonstances critiques, où les parens voyagent entre deux écueils plus dangereux que Charybde & Sylla : puissent ils les éviter également tous deux ! Il est des enfans que la mollesse a perdus, come il s'en trouve d'autres qu'on n'a fait qu'endurcir & desespérer par une inflexible rigueur. Il faut tempérer sagement l'une par l'autre. Soyons fermes, jamais durs : imitons le modèle que je vais tâcher de présenter, dans la conduite d'un père éclairé.

Le Marquis aime pour la première fois: une passion ardente, impérieuse, allumée par une femme son égale, pour la première fois porte dans son cœur, non-seulement les desirs, mais le respect, les égards & les scrupules, heureux fruits de l'éducation honnête, que les mauvais exemples n'ont pas entièrement étouffés.

Un laquais sans livrée venait depuis quelque temps presque tous les matins demander monsieur le Marquis de T···. On introduisait cet homme jusque dans son cabinet; il y reſtait ordinairement une demi-heure, & ſortait, ſans que perſonne ſût ce qu'il venait faire. Le Comte préſuma qu'une intrigue a-moureuſe occupait ſon fils. Il en fut au deſeſ-poir. Tant qu'il l'avait vu voltiger d'un plaiſir que ſuivait bientôt le dégoût, à un autre qui ne l'amuſait pas davantage, ſes inquié-tudes avaient été moins vives: un enfant quitte enfin ſes joujous & ſes poupées ; mais lorſque ſon cœur s'attache à quelqu'objet capable de déveloper les paſſions, de les exciter, de les ſatisfaire complètement, c'eſt alors qu'exiſte un veritable danger. ——Une autre qu'Hélène lui fait connaître l'amour, diſait il à la Comteſſe: ſi cette femme n'eſt pas vertueuſe, elle corrompra juſque dans ſa ſource ce ſentiment excitatif; elle fera peut-être une paſſion vile, brutale, effrénée du germe de la magnanimité & de la vraie grandeur——. Le Comte, comme je l'ai fait entendre, pouvait ſe donner là-deſſus des éclairciſſemens infaillibles. Un jour il ſut que le Marquis, ayant renvoyé le do-meſtique ſur-le-champ, l'avait ſuivi lui-même un inſtant après. Monſieur de T··· ſe rend dans la chambre du jeune-homme, & cherche à ſe procurer des lumières. Il trouve dans un tiroir dérobé, une lettre datée du jour même. Il connaît par-là que c'était celle qu'on venait de rendre à ſon fils. Il tremble de n'y rencontrer que trop de preuves de la réalité d'une paſſion, qu'il n'avait juſqu'alors que ſoupçonée. Je vais raporter cette Lettre:

TANT de timidité, après des transports si vifs!..... Non, quoique vous disiez mon cher Marquis, le veritable amour n'a pas ces scrupules, ces fausses délicatesses; il comman-de en maître, ou n'existe pas. « Vous êtes » l'ami de mon mari; vous craignez que » moi-même je ne vous regarde comme un » homme qui se sacrifie tout, & qui viole » sans remords les saintes loix de l'amitié ». Ah T···! les droits de l'amour sont mille fois plus sacrés; & pourtant, après l'avoir fait naître dans mon cœur, en me persuadant de la vivacité de sa fláme, mon amant craint de s'être trop avancé, & de manquer à son ami! Il me parle de mes devoirs!... Écou-tez, Marquis; un jour (jamais il ne sortira de ma mémoire) j'étais seule; le Comte de J·· venait de sortir, mais il devait rentrer bientôt: vous vintes les demander, & sans que je vous invitasse à rester, vous vous déterminates à l'attendre. J'avais déja mille fois surpris vos regards attachés sur moi: mais ce jour-là, il m'était facile de lire dans vos yeux le trouble de votre âme: plusieurs heures s'écoulèrent; le Comte ne revenait pas. Je me crus obligée de vous dire qu'aparemment des affaires im-prévues l'avaient retenu. Vous vous arrachiez à regret de ma présence: vous alliez vous eloi-gner; votre douleur me toucha: je l'avouerai, ce fut moi qui vous rappelai. Vous futes sur-pris:... je l'étais aussi moi-même de l'avoir ôsé. Vos yeux se fixèrent sur les miens: ils

vous parurent tendres … ils l'étaient ….
trop … beaucoup trop … & vous le vites …
Vous tombates à mes genoux : « Divine Ju-
» liette, me dîtes-vous, ôserai-je enfin l'a-
» vouer, ce secret …. mais il n'en est plus
» un ; vous l'avez pénétré : souffrez que ma
» bouche explique ce que mes soupirs & mes
» yeux vous ont tant de fois juré …. Oui,
» je vous adore …. Ah ! faut-il qu'un au-
» tre ! … Qu'il est heureux ! je donnerais
» tout mon sang pour jouir comme lui, ne
» fût-ce qu'un jour, un seul moment du bon-
» heur d'être à vous… Il vous aime, & vous
» l'aimez ; des nœuds éternels vous enchaî-
» nent » …. Un soupir m'échapa. (Imprudente ! pourquoi ne fus-je pas commander
aux mouvemens de mon cœur?) vous me pres-
sates d'en expliquer la cause. « Eh quoi,
» madame! disiez-vous du ton le plus intére-
» ssant, ne seriez-vous plus adorée de votre
» époux ? … Si je le savais ; & que tout
» mon cœur, l'hommage de tous mes desirs &
» de tous les instans de ma vie, pût compen-
» ser ses injustes mépris, j'ôse vous jurer que
» l'excès de ma vive tendresse aurait bientôt
» effacé de votre souvenir les torts d'un in-
» grat ». Je vis tant de vérité dans vos transf-
ports ; vous vous exprimiez avec tant de grâce… je ne pus résister ; je fus émue, persuadée : je vous abandonnai ma main ; & sans
attendre ma réponse, vous fites mille sermens
de n'aimer que moi. Je vous crus, je vous le

dis. Avec quels transports vous reçutes le don de ce cœur, qu'à présent peut-être vous dédaignez... Marquis, vous ne me parlâtes point de mes devoirs, des saintes loix de l'amitié ; vous m'aimiez alors,... & vous ne m'aimez plus... Le plus tendre des amans aurait changé ! ... Non ; je ne puis le craire ; monsieur de T··· est généreux, constant, incapable d'être parjure ; il n'abandonnera pas une amante infortunée, unie malgré sa répugnance, avec une homme qu'elle ne peut aimer : il se souviendra qu'il est adoré, & qu'il a promis, en répandant des larmes d'attendrissement & de joie, que pour jamais son cœur était enchaîné. Mon cher Marquis, venez lire dans le mien tout mon amour : je m'y suis livrée toute entière, sur la foi de vos sermens ; ils doivent être inviolables, il n'en est point de plus sacrés : tous les autres engagemens n'ont que des hommes pour auteurs ; mais l'amour, le tendre amour, est le vœu de la nature, & le don le plus précieux de la divinité. Mon aimable amant, vous me dîtes hier que vos parens étaient heureux par la plus vive tendresse, & par l'honnêteté de leurs sentimens. Ah ! je le crois bien : comme votre mère, j'aurais aimé le Comte ; son âme est si belle, qu'elle fait disparaître les disgrâces de la nature : son amabilité, sa douceur enchantent : il est vertueux : il le fut toujours, & madame de T··· ne consacra point ses plus belles années à satisfaire les caprices d'un libertin ufé. Elle aima fon raifonnable époux ; elle en fut adorée : belle encore à-préfent comme une des Grâces ; Henriette de V·· ne faurait trouver un inconftant. Hélas ! vous me l'avez dit (& c'eft la feule fois que ce compliment m'ait flatée) ; vous m'avez fait croire que j'étais belle : cependant vous le favez, le Comte de J·· m'a négligée, pour ne pas dire accablée de hauteurs & de mépris. Sans respect pour le lien qui nous uniffait, il a fuivi fon goût pour les plaifirs dangereux : mon cher Marquis, vous m'affuriez hier qu'un feul de mes regards vous avait fait rougir de tous vos égaremens : votre âme donc eft bien différente de celle du Comte.... Ces liens que je refpectais, c'eft lui qui les a rompus.... Vous ne l'ignorez pas, votre amante a fouffert l'aviliffement après l'abandon..... Était-ce-là ce que me préparait une mère prudente?.. Oui, Marquis, comme vous, j'ai dans ma famille l'exemple d'une heureufe union ; ma mère eft tendrement attachée à fon époux : il n'en faut pas douter, je l'euffe imitée, fi, comme mon père, monfieur de J·· eût eü des attentions pour fa femme, qu'il m'eût rendu des foins, & que jamais il n'eût forcé fa compagne à fe répandre au dehors, à voir, à recevoir fes amis.... Comment, par exemple, n'a-t-il pas craint en nous liant, la comparaifon que je pouvais faire? Oui, ce qui furprendra toujours, c'eft de fa main que je vous ai reçu ; cher amant, c'était nous donner l'un à l'autre, que de souffrir que nous nous vissions.... On m'intérompt.... Serait-ce lui... c'est Luce. J'aime cette fille : si vous voyiez comme elle m'est attachée ! ... Mais je reviens à vous.... Je ne sais où j'en étais.... Je ne trouve pas que l'exemple de vos parens & des miens soit contre nous : ils sont vertueux & fidèles : eh bien ! nous le serons aussi. Oui, Marquis, je vous aime si tendrement ; la passion que j'ai pour vous m'inspire des sentimens si relevés, si dignes du divin Auteur de la nature, qu'elle ne saurait être un crime. Étaye qui voudra, par des sophismes rebatus, les droits imaginaires des époux ; pour moi, je ne les regarde plus que comme les tristes suites de l'aveugle préjugé. A quel titre des parens que j'aimai, & qui me forcent à-présent à ne trouver en eux que d'injustes oppresseurs, ont-ils enchaîné ma liberté & flétri mon âme, en la privant du droit si naturel de s'épanouir elle-même, & de s'élancer dans les bras de celui que ses yeux & son cœur auraient choisi ? Ils ont excédé leur pouvoir ; mes engagemens sont nuls, & mon cœur les anéantit. C'est à vous seul ; oui, c'est à l'aimable T... que je me donne, par mon propre choix : Cher amant, exerce sans partage un doux empire sur tous mes sentimens & sur toutes mes affections : ce nœud que je forme avec toi, sera le seul indissoluble, & je ne l'abjurerai jamais. Voila ce que te promet celle que tu as trouvée « la

» plus jolie de toutes les femmes ». Adieu,
Marquis, venez, ou écrivez-moi votre réso-
lution : mais plutôt venez ; j'ai besoin de
vous voir.   J U L I E T T E D'E···.

Chaque mot de cette lettre singulière avait
porté la terreur dans l'âme de monsieur de
T···. Un portrait qu'il trouva, en cherchant
d'autres lettres qui pussent le faire pénétrer
davantage dans cette intrigue, acheva de le
desespérer : il ne douta pas que ce ne fût
celui de la Comtesse de J··. Elle lui parut
si touchante, qu'il demeura persuadé que le
Marquis ne pouvait qu'aimer éperdûment
une femme aussi belle qu'elle était tendre.
——Le voila, donc, se dit-il à lui-même, ce
malheur que je redoutais! il est accompagné de
circonstances qui l'aggravent encore. Dévoré
par de criminels desirs, mon fils hésite ; les
saints nœuds du mariage sont encore sacrés
pour lui, malgré sa corruption : mais son
amante, moins timide, emploie, pour lever
ses scrupules, des armes auxquelles on ne
résiste jamais ; ses charmes, & la plus vive
tendresse. O ! mon fils, mon cher fils ! dans
quelle perplexité tu jètes ton père ! Si tu ré-
sistes, qu'augurer d'une âme dure & cruelle,
que les Grâces en pleurs, conduites par
l'Amour, n'auront pu toucher ? & si tu suc-
combes.... je vois s'évanouir mes plus douces espérances——. La conduite du jeune de
T··· ne fut pas longtemps douteuse : il
n'était pas assez vertueux pour triompher de

fon panchant par la feule raifon qu'il était criminel, & fon cœur n'était rien moins qu'infenfible & dur.

Dès que le Comte fe fut affuré que le mal était fans remède, il prit fur lui de s'en ouvrir à Henriette : il la trouva plus inftruite que lui-même. ——C'eft la Comteffe de J··, difait-elle à fon époux, qui l'a arraché de ces lieux qu'on n'ôfe nommer, où il a trouvé Juftine. Cette jeune-fille elle-même avait fu lui plaire : mais tout cède à la paffion que fait naître une femme plus digne de le fixer. Il change, fans devenir meilleur; un defordre en fuit un autre, & ce dernier n'eft pas le moins dangereux. ——Il peut avoir des fuites terribles, reprit le Comte. Voyez un époux outragé … des enfans … la femme d'un autre——!… Cette idée les effraiya. Ils s'affligèrent enfemble : mais ils ne fe laiffèrent pas abforber dans la douleur. ——Si l'amour ne fe commande pas, difait monfieur de T··· à fon époufe, il ferait encore plus infenfé de prétendre arrêter fes progrès par des défenfes. ——Tolérer une paffion criminelle, don l'effet eft de porter le trouble dans la fociété, dit Henriette ! ——Je vous entens, repliqua le Comte, c'eft s'en rendre complice——. Ils réfolurent auffitôt de faire voyager le Marquis, non dans les pays étrangers, mais en France, de lui faire connaître fur-tout ceux qui devaient être un jour fes vaffaux, afin de le familiarifer avec eux; & de le retenir longtemps dans cette tournée. Le prétexte de ce voyage (car le Comte ne voulait jamais que son fils soupçonnât de motifs réprimans) fut le dessein d'aller chercher Hélène, restée en province. Le Marquis de V·· devait accompagner sa fille, & le Comte se proposait de les joindre, dès qu'il aurait remédié aux suites de cette intrigue, supposé qu'elle en eût quelquesunes. Mais un changement de scène rendit inutiles toutes ces mesures. Henriette & monsieur de V·· allèrent seuls en Bourgogne pour y prendre Hélène.

La Comtesse avait fait dire à son fils qu'elle le mettait de ce voyage; mais le jeune-homme ne voyant dans l'invitation de sa mère qu'une partie ennuyeuse, qui l'éloignerait pour plusieurs semaines de sa chère Juliette, il chercha des prétextes pour s'en dispenser : Le Comte de Q·· & monsieur de J·· l'attendaient pour aller visiter une terre que le second acquerait du premier : il leur avait donné sa parole : il les fâcherait s'il manquait. Ces raisons étaient faibles : Henriette néanmoins parut s'en contenter. Elle exhorta le Marquis à ne pas se faire attendre. Il partit, & la Comtesse, qui savait que Juliette restait à Paris, crut ne rien perdre à différer son voyage jusqu'au retour du Marquis. Mais le peu d'empressement qu'il venait de marquer à revoir Hélène, l'affligeait, en lui fesant connaître, à quel point les premières impressions étaient effacées. Cependant elle espérait beaucoup encore de la beauté de sa nièce.

Vers la fin de la seconde semaine de l'absence du Marquis, ses parens reçurent une de ses lettres, qui leur apprenait, que *les Comtes de Q·· & de J··, pour l'engager à les accompagner, lui avaient caché la distance de la terre où ils allaient ; qu'elle était située en Guienne, & qu'il se voyait privé de leur présence pour plus de deux mois ; parce-que ses amis voulaient profiter de cette occasion, pour visiter les ports de mer des côtes de Gascogne & du pays d'Aunis ; que lui-même serait charmé de cette avanture, s'il avait leur agrément &c.* A cette nouvelle, le Comte de T··· aurait bien voulu que monsieur de V·· ou lui-même eûssent été auprès de son fils ; mais y aller après-coup, aurait eu l'air de la défiance & de l'inspection : il répondit au Marquis, qu'il *remerciait messieurs de Q·· & de J··, des lumières qu'ils allaient lui faire acquerir, & de la satisfaction que leur société ne pouvait manquer de lui procurer ; qu'il lui permettait d'en profiter.* Le Comte espéra beaucoup de cette absence : car il ignorait si le Marquis avait tout-à-fait cédé à sa passion : & comme le terme du rappel d'Hélène, aurait été reculé trop loin, si l'on eût attendu le retour du jeune de T···, Henriette & monsr. de V·· allèrent la chercher. Je n'entreprendrai pas de peindre la joie de l'aimable fille, lorsqu'elle vit sa tante & son aycul ; & qu'elle aprit qu'elle alait vivre avec

Henriette. Elle ne regretta le couvent de C··,
que par rapport à une jeune Religieuse, amie
de Léonore & la sienne : car mademoiselle
d'E··· qui venait de quitter la Capitale, devant
bientôt y retourner avec sa famille, Hélène
n'avait plus rien à desirer de ce côté-là.

La fille du Chevalier & de la belle Louise
donnait les plus consolantes espérances. L'é-
ducation stérile & vétilleuse des couvens n'a-
vait point pris sur cette âme noble & géné-
reuse. Le crîme l'y attaqua même sans succès.
Elle charma monsieur de V·· & madame de
T···: ils la ramenèrent. Cependant à cause du
Marquis, aulieu de la garder chez eux, ils
la placèrent dans le Monastère où Justine
Nishard était encore. Cette Maison ressem-
blait aux autres, & la Comtesse le savait
bien; mais depuis qu'elle avait formé la résolution d'ôter sa nièce du couvent de C··, elle
avait eu occasion de découvrir dans celui-
ci une de ces âmes excellentes, dont il est
vrai de dire que le monde n'est pas digne :
c'était la Sœur Sainte-Th····, a laquelle
Justine avait les plus grandes obligations,
non-seulement pour l'amitié sincère qu'elle
lui avait témoignée, mais par les sages avis
qu'elle lui donnait, l'amour de la vertu qu'-
elle lui avait inspiré, en combattant même
l'instinct passager qui portait cette jeune-fille
à s'ensevelir dans le cloître : elle avait de-plus
cultivé ses dispositions, tant pour les talens
nécessaires, que pour ceux de pur agrément;

de sorte qu'elle l'avait rendue un sujet d'autant plus accompli, que cette fille ne connaissait l'amour que par ses peines; & sur le témoignage de cette vertueuse Sœur, la Comtesse destinait Justine pour sa maison, se pro-
posant de laisser à Hélène une fille dont Louise avait recommandé qu'on prît soin. Voila
donc mademoiselle de T··· auprès de la Sœur
Sainte-Th···, & à portée de voir tous les jours
sa tante Dans ce nouveau séjour, Hélène ne
jugea point la conduire de la bonne Religieuse sur les maximes équivoques des autres
Sœurs; elle n'estima dans ses maîtresses que
les vertus dont Henriette lui donna l'exemple.

Dès que mademoiselle de T··· fut à Paris, ses parens se firent une étude particulière
de connaître son caractère. Qu'on se repré-
sente une fille plus jolie que belle, dans
qui chaque mouvement découvre une grâce,
& qui seule ne s'en aperçoit pas: si tendre
pour ses parens, qu'ils la trouvent toujours
prête à leur immoler ses goûts; douce, com-
patissante envers les personnes des deux sexes
que la fortune a mises audessous d'elles;
imposante, fière quelquefois avec les jeunes-
gens ses égaux: sensible à la louange, aux
caresses, & mille fois plus encore à la répri-
mande; qui n'est point sans amour-propre,
mais qui sait le régler, parce qu'elle est trop
bonne pour affliger personne: elle a tous les
talens; mais elle les cache, s'ils mortifient
quelqu'un; elle les fait briller, s'ils amusent

une société choisie, dont elle est sure: elle est vive, enjouée; mais on ne lui vit jamais prendre cet air lutin, ou ces manières libres qui, sans choquer la décence, indisposent les autres femmes. Elle a pourtant des défauts: elle est inquiète, quelquefois mélancolique, & son cœur semble chercher à se donner, quoiqu'elle dédaigne tout ce qui l'approche: son empressement pour les jeunes-persones de son sexe ressemble plus à l'amour qu'à l'amitié: souvent on a peine à la définir; au milieu d'un cercle brillant, elle est sans prétension, tandis que pour rester dans son appartement, elle ne se trouve jamais assez bien; elle montre alors tant de goût pour la parure qu'on la croirait coquette: elle n'aime que chez elle à tirer parti de tous ses avantages; à l'y voir, on dirait qu'elle ne se tient si bien, qu'elle ne marche avec tant de grâce, que pour faire admirer l'élégance de sa taille; c'est-là qu'une jupe courte permet de deviner la finesse de sa jambe; & qu'elle veut que sa chaussure soit avantageuse à son joli pied; sa délicatesse sur ce point pourrait être regardée comme excessive: mais lorsqu'elle sort, elle semble se plaire à voiler ses attraits; il semble qu'elle juge les hommes indignes de les admirer, & d'en ressentir les douces impressions. Voila ce que découvrirent trois personnes, dont mademoiselle de T···, depuis les écarts du Marquis, était devenue tout l'espoir.

Chaque jour Henriette, en pressant Hélène dans ſes bras, ſoupirait ſur les égaremens de ſon fils. Depuis qu'on le crayait à la campagne, il avait écrit à ſa mère, mais il n'avait pas dit un mot de ſa couſine. Cette injuſte indifférence affligeait vivement la Comteſſe de T···: elle en conſolait ſa nièce, qui ne penſait pas qu'elle dût s'en plaindre. —Maman, lui diſait cette fille charmante, mon aimable maman (car c'eſt ainſi qu'elle l'avait toujours nommée) modérez cette douleur qui me pénètre: mon couſin changera; mon cœur me le dit. Quand la dangereuſe ivreſſe des paſſions ſera diſſipée, il rougira, nous l'entendrons gémir de vous avoir attriſtée, d'avoir affligé la plus tendre des mères——. Un rayon d'eſpérance vint briller au fond du cœur de la Comteſſe; ſon âme dilatée, s'épancha toute entière dans le ſein de ſa jeune amie. —Ma fille, s'écria-t-elle impétueuſement, le plus grand des malheurs pour lui, n'eſt pas d'avoir quitté la route de la vertu..... Écoute-moi, ma chère fillë; je vois dans tes yeux que le blaſphême moral que je viens de prononcer, te ſurprend, & peut-être te révolte. Je dois faire ceſſer ton étonnement. Il fut des jours .... (qu'ils étaient fortunés!) où ton père & nous vous deſtinions l'un pour l'autre: je le crus long-temps encore; il n'y faut plus penſer: un amour.... ſans eſpérançe que dans le crîme, tyranniſe ſon cœur..... Était-il donc indigne du bonheur & d'Hélène!... Ma fille, il faut bien que mon fils ne foit pas digne de toi; car, fans ce funefte amour, il n'eût pu te voir fans t'adorer, & la vertu fût rentrée dans fon cœur en t'aimant: il eft perdu fans reffource, puifque d'autres yeux que les tiens l'ont charmé; qu'une âme moins pure que celle de ma vertueufe amie s'unit à la fienne: Non, ma fille, je n'efpérais qu'en toi; plus de remède, fi l'amour corrompt fon fon âme, aulieu de l'épurer——. Ses larmes, qui coulaient en abondance, l'intérompirent. L'aimable Hélène effaiyait d'en tarir la fource par fes careffes; mais plus elles étaient touchantes, moins la Comteffe attendrie fe trouvait difpofée à fe confoler. ——Qu'il eft malheureux, difait-elle en fanglotant! oh! quel bien il perd par fa faute——! Cette fcène recommença fouvent; elle avait des charmes pour madame de T··· & pour Hélène même, dont le cœur, comme malgré elle, volait après l'infenfé qui la fuyait. Sans le favoir encore, c'était pour fon coufin qu'Hélène fe parait: fenfible, conftante, elle avait toujours confervé pour lui les fentimens que la familiarité de l'enfance avait fait naître.

Enfin le jeune de T··· arriva: il rentra fort tard: le lendemain de grand matin, il alla faluer fon père, & paffa fur-le-champ dans l'appartement de fa mère, qu'il trouva au lit. La Comteffe, en le revoyant, ne fentit que fa tendreffe pour cet ingrat: elle lui fit mille careffes: le Marquis au fond de fon

P^{me}, adorait cette respectable mère; il se livra pour quelques instans aux mouvemens qu'elle lui inspirait, & lui fit presqu'oublier tous ses chagrins. Une remarque singulière inquiéta la Comtesse. Son fils venait de faire un voyage fort long, dans la saison de la chaleur, & son teint avait la fraîcheur de celui d'une jeune Beauté. Elle lui en témoigna son étonnemant, & le Marquis lui donna les raisons qui se présentèrent à son esprit. Mais la Comtesse, qui savait qu'il n'était pas un efféminé, remarqua son embarras, & trouva les réponses plus propres à faire naître des soupçons, qu'à les dissiper.

Après avoir salué sa mère, le Marquis sortit, sans s'informer d'Hélène, & ne revint que le surlendemain. Cette conduite étonante, confirma ses parens dans la résolution de l'éloigner de Paris. On ne douta pas qu'il ne continuât son intrigue, & l'on s'assura qu'il passait les jours entiers à l'hôtel de J··.

Tandis que l'on fefait les préparatifs pour le départ, & le jour même où le Comte allait en prévenir son fils, la Comtesse fit quitter le couvent à sa nièce pour toujours. Dès qu'Hélene & sa tante furent réunies, elles ne s'entretinrent ensemble que du Marquis: cette intarissable matière les occupait, lorsqu'elles apprirent qu'il venait de rentrer furieux, & de se renfermer dans sa chambre. Henriette ordonne qu'on l'informe de tout ce qu'il fera. Au bout d'une demi-heure, il sort de l'hôtel à piéd, & disparaît comme une éclair. La Comtesse

effrayée

effrayée, dit à deux domestiques de confiance de voler sur ses pas. Dans cet instant de trouble, on voit paraître ce laquais affidé que le Marquis recevait toujours dans son cabinet, & sans témoins. Ce garçon paraissait fort ému. Il demanda qu'on le fît parler au Marquis pour une lettre qu'il était important qu'il lui remît sur-le-champ.. On le conduisit devant madame de T···. Henriette persuadée qu'elle découvrirait dans cet écrit la cause de l'agitation de son fils, voulut obliger ce domestique à le lui donner. Il parut hésiter d'abord : mais bientôt on s'aperçut qu'on ne le forçait à faire que ce qu'il souhaitait. Il pria seulement madame de T··· de lui permettre de se retirer. La Comtesse lui ordonna d'attendre qu'elle eût achevé la lecture du Billet. La résistance, l'inquiétude & l'agitation du laquais de madame de J·· redoublèrent les craintes d'une tendre mère : elle mit tous les domestiques en mouvement pour trouver son fils : en donnant ses ordres, elle brise le cachet à la hâte ; & voici ce qu'elle lut.

Je viens d'apprendre que vous avez évité la fureur de mon tyran ; j'en remercie le ciel : je ne pouvais plus vivre dans cette affreuse incertitude. Luce, en feignant d'être contre moi, s'offre de me procurer souvent l'occasion de vous écrire : elle se chargera de vos réponses ; c'est m'offrir plus que la vie. . . . . . . Aimable souverain de mon

cœur ! vous seul m'occupez toute - entière :
on m'a laissé votre portrait , soit qu'on ne
l'ait pas vu, ou qu'on dédaigne de me l'ôter;
cette image chérie est à tout moment couverte
de baisers & mouillée de mes larmes . . . .
Ah ! mon ami ! sera-ce pour jamais , que
j'aurai perdu le bonheur de vivre pour vous
aimer ! . . . . Si vous aviez vu sa fureur !
les transports de sa jalouse rage ! Hélas !
qu'ils m'ont épouvantée , tant que je les ai
redoutés pour vous ! . . . . Le cruel me me-
nace ! Eh ! quel mal peut-il me faire , après
m'avoir privée de votre présence ? . . . Cher
amant ! si , comme il le dit , une éternelle
captivité doit me séparer de vous , qu'il prenne ma vie ; elle est devenue pour votre Juliette un insupportable fardeau . . Mais je
l'entens . . . & Luce n'est point-là ! . . . . .
. . . .

Toi, qui m'es plus cher que la vie, écoute
ce que va te dire une Amante : c'est par l'ordre d'un cruel que j'achève ce Billet: il veut te
punir , en fesant passer toute ma douleur
jusques dans ton âme. . . . . Il veut te percer
le cœur du même trait qui déchire le mien. . . .
Fais qu'il s'abuse. Oui, je t'en conjure, sup-
porte le malheur . . . . . Que la vengeance
du barbare soit trompée. Je te le jure par le
Dieu qui punira mon bourreau ; ce n'est
pas la vie que je regrette , c'est l'assurance
de te rendre heureux : jamais , non , jamais,
adorable amant , tu ne trouveras de cœur

comme le mien.... Ces plaisirs délicieux, que te fesait goûter ma tendresse, tu les perds! Eh! qui pourrait te les rendre!.... Mais Luce! Ah! l'infâme! comme elle trahissait ma confiance!... Mon ami, je te demande grâce pour elle; ne la punis point: les âmes viles comme la sienne ne sentent pas l'atrocité du crime; elles le commettent sans hésiter, & voient ses suites sans remords. Insensés que nous sommes! tu me fesais son éloge, en me la donnant; & moi, je la regardais comme le plus précieux de tes dons! Que ne m'en suis-je défiée, lorsque par une dissimulation criminelle, elle feignit de ne m'avoir pas entendue, un jour que je commençais à lui ouvrir mon cœur.... Elle m'entendit, la perfide!.... Apprens ce qu'elle vient de faire: tandis que j'écrivais ma Lettre, cette Lettre, qu'elle-même paraissait désirer de te rendre, elle a fait monter de J**: instruit par la traîtresse, il a bientôt découvert l'endroit où je l'avais serrée: la fureur que cet écrit a fait naître éclatait dans ses yeux, & m'annonçait la fin de mes maux.... Ah! mon ami, le présent qu'il vient de me faire, est le seul que je pouvais accepter de lui..... de cet homme inique, qui le premier a violé des devoirs qu'il nomme saints à présent. Abandonnée, trahie, insultée, chaque jour je l'ai vu me préférer d'indignes rivales...... Je suis encore bien loin de suivre l'exemple qu'il m'a donné!

cependant il se venge !... Eh ! quel est donc ce caprice injuste ? Est-ce la faute des hommes ou celle des Loix ? Mais c'en est fait, & l'instant où mon cher Marquis lira ces mots, qu'effacent mes larmes, sera le dernier..... Marquis ! cher & malheureux objet de la plus vive tendresse, si jamais l'amour me donna quelqu'empire sur ton cœur, vis, je te l'ordonne, pour conserver ma mémoire, pour que ta Juliette ne périsse pas toute entière : ô mon ami ! consens à vivre, à goûter le plaisir, & ne te révolte point, à cette expression. Que te demandé-je ? sinon d'être heureuse encore dans la partie la plus précieuse de moi-même. Car je ne veux obtenir de toi, qu'un souvenir, qui n'ait rien d'amer & de pénible ; ce tendre souvenir, qui chatouille l'âme, & non celui qui la déchire. Je ne suis point de ces femmes barbares & jalouses.... Les plaisirs de mon Amant, son bonheur, me touchent, de quelque part qu'ils viennent..... Mais le breuvage est là : l'instant arrive : on va me presser : ô cher Amant !.... Je veux leur épargner ce soin cruel... Adieu ! je t'adore.... Adieu !.. adieu, mon cher de T•••!

JULIETTE D'E•••.

En lisant cette lettre, la Comtesse frémit, autant du malheur d'une jeune imprudente qui avait sacrifié son devoir à sa passion, que du danger qu'avait couru son fils. Son cœur maternel se déchirait, en se représentant ce que le

Marquis, dont l'âme eſt impétueuſe, doit ſouffrir en perdant l'objet de ſon amour. Tout en feſant au Laquais de madame de J·· les queſtions néceſſaires pour connaître s'il était encore temps de ſauver ſa maitreſſe, elle appelle monſieur de T···, l'inſtruit en deux mots : le Comte fut ſurpris qu'une Lettre qui pouvait dépoſer contre le Comte de J··, parût envoyée par ſes ordres ; mais il ne perd pas un moment ; il vole chez ce malheureux époux, dont il était connu, paſſe, malgré le portier, pénètre juſqu'à l'appartement de monſieur de J··, ſe jète entre ſes bras, le mouille de ſes larmes, & s'écrie : —Ah ! mon ami, je ſais tout : je viens te ſauver de ta propre fureur ; t'épargner des remords.... Conduis-moi vers ton épouſe. ... Je l'éxige .... Je le veux .... Rien ne pourra m'en empêcher..... Ah ! j'y cours malgré toi—. Il s'élance, ſans attendre ſa réponſe, rencontre Luce, lui arrache les clefs, ſe précipite dans l'appartement de la Comteſſe. ... Il en était temps encore. ...... Mais quel ſpectacle, grand Dieu ! La trop criminelle, mais jeune & belle Juliette, tenait déja ie vaſe fatal : devant elle était le portrait de ſon Amant : ſes yeux batus, & dont le ſaiſiſſement de ſon cœur, dans cet inſtant terrible, avaient tari les larmes, étaient immobiles ſur cette image chérie : au mouvement qu'elle fit lorſque le Comte de T··· entra, il connut qu'elle allait fe hâter d'avaler le poifon : il s'en faifit, & crait la dérober à la mort.

A peine Juliette avait-elle vu fon libéra-teur : mais lorfque fes yeux égarés fe furent fixés fur lui, & qu'elle eut reconnu le père de fon Amant, la pudeur reprit fes droits fur cette âme anéantie ; fon teint plombé, fe couvrit de l'incarnat de la hon-te : elle veut fe précipiter à fes pieds, em-braffer fes genoux ; elle fe lève, s'avance, en hazardant un regard timide : l'air févère de monfieur de T··· l'épouvanta ; elle chancel-le, & tombe à fes piéds fans force & fans vie.

Le Comte s'empreffe de la fecourir : il appelle ; Luce fe préfente : fes yeux étaient remplis de larmes. Elle aperçoit le vafe deftiné pour fa maîtreffe ; elle s'en faifit, & boit d'un air affuré. —Que fais-tu, malheu-reufe—, s'écrie le Comte ? Elle difparaît au lieu de lui répondre. Monfieur de T··· était encore dans fon premier étonnement, lorf-qu'un bruit horrible fe fit entendre, accom-pagné des cris de la fureur & du defefpoir. Un jeune homme, l'épée à la main, cou-vert de fang, enfonce la porte de l'apparte-ment de madame de J··. Sans voir fon père, le Marquis (car c'était lui) prend dans fes bras fa chère Juliette qu'il croyait expirée, il l'enlève, il s'agite, va, court, revient ; fes tranfports, fes careffes, fes cris rappe-lèrent l'âme de fon Amante ; elle ouvrit fes beaux yeux, que le jeune Marquis avait cru fermés pour toujours. Juliette se retrouve dans les bras de celui qu'elle adore ; & dans cet instant (. qui l'eût pensé !) peu s'en falut que son ravissement ne lui fût aussi fatal que la douleur. (Tel est donc le pouvoir de l'amour , quand il est extrème !) Ce fut alors que le Comte de T··· crut devoir rompre le silence. —Je vous trouve bien hardi , monsieur , dit-il au Marquis , de vous introduire avec cet éclat dans une maison où votre folle passion porte la douleur & le crime? Sortez, monsieur, de chez un homme que vous deshonorez bien moins que vous - même , & , pour la premiè-re fois , craignez que je n'use de tout le pouvoir que la nature & les loix me donnent sur vous. Allez ; vous devriez mourir de honte, d'exposer une femme jeune , belle , & qui sans vous eût été vertueuse , à l'état horrible auquel je viens de l'arracher—. Un homme qui voit tomber la foudre sur l'arbre qu'il designait déja pour se garantir de l'orage , est moins surpris & moins épouvanté que le Marquis , en entendant la voix de son père : ce reproche sanglant fut un trait de lumière qui pénétra son âme : il ne put résister. En sortant , il ne dit que ces mots, qu'un profond soupir avait précédés : —Sau-vez-la : ah ! jurez-moi que vous allez la sauver.... Un barbare—.... Il se tut & s'éloigna , en jetant sur son père un regard , qui demandait grâce pour Juliette & pour lui.

Luce était disparue à l'instant même de l'arrivée du Marquis : monsieur de T··· témoigna de l'inquiétude pour cette malheureuse, & dit aux gens de la maison de la lui amener. Tous ses soins se réunirent ensuite sur la Comtesse de J···. Il crut qu'il était de la prudence d'engager cette Dame à choisir le Couvent où elle jugeait à propos qu'il la fît conduire. Elle accepta cette proposition avec reconnaissance, sortit sur le champ, monta dans la voiture de monsieur de T···, & se rendit aux B.... de la rue de V···.

Cependant Luce ne paraissait pas, quoique le Comte de T··· ne cessât de la demander : il avertit du danger où elle se trouvait, & donna ses ordres pour qu'on la secourût promptement. Ensuite cet honnête-homme alla trouver le mari qu'avait cruellement offensé un jeune audacieux. Il ne crut pas s'avilir, en tâchant de le fléchir par les prières les plus soumises, en lui demandant à genoux pardon du crime de son fils. —O ! mon cher Comte, lui disait-il, les yeux baignés de larmes amères, daigne considérer un moment l'excès de ma douleur : un fils, mon unique espérance, se deshonore & se perd par l'action la plus lâche ; il trahit un ami : & je n'ose dire que ce ne soit pas ma faute ; puisque j'ai pu me laisser emporter au torrent de la coutume, & donner au Marquis des conducteurs mercenaires ; ce sont eux qui l'ont perdu, & je suis leur complice : en éclairant son esprit, ils ont terni dans son cœur cette pureté native qu'il avait encore en sortant des mains de son ayeul & des miennes : je me suis trompé, cruellement trompé : pardonne-moi , mon ami , de n'avoir pas mieux veillé sur mon fils ; ah ! daigne me pardonner ; je sais trop que ses forfaits sont les miens , & qu'un méchant fils est le crime de ses parens : aye pitié d'un père malheureux , qui mit longtemps sa gloire à porter ce nom, qui lui fait maintenant baisser les yeux devant toi—! Il se tut , après s'être chargé de toute la honte d'une action qui , chez les nations corrompues ; ne deshonore que l'innocent. Ce respectable père avait l'âme dechirée ; bien différent de ces parens criminels, trop communs aujourd'hui, qui regardent les avantures de leurs fils comme une preuve qu'ils se forment , & qu'ils feront leur chemin dans le monde. Les malheureux ! ils n'ignorent pourtant pas qu'un jour leur bru , séduite à son tour par un jeune étourdi, rendra son époux ridicule , & lui ravira la certitude d'être le père de ceux que décoreront ses titres & qui porteront son nom. Aveugles mortels ! si nous connaissions la beauté de la vertu ! si nous daignions ouvrir les yeux sur l'intéressant tableau que nous offrirait un père vertueux, entouré d'une famille qui marche sur ses traces , & qui n'eut jamais à rougir de sa mère ; oh ! quels plaisirs il goûte ! combien est délicieufe une union formée fous les aufpices de l'amour, auquel a fuccédé l'eftime obligeante & la tendre amitié! Mais non; dans la jeuneffe, les hommes veulent jouir, ne fe refufer rien, prétendre à tout. . . . Ils vieilliffent : cette figure enchantereffe commence à s'éclipfer; les airs fémillans & les talens feducteurs font prefque devenus un ridicule; une jeuneffe corrompue les a déja remplacés : alors on fe marie : mais les jeunesgens profitent de l'exemple qu'on leur a donné; ils trompent ces mêmes époux qui en ont trompé tant d'autres. Inconcevable folie des humains, qui facrifient toujours au moment préfent de longues années à venir! ne connaîtrons - nous jamais que les bonnesmœurs portent avec elles leur recompenfe! Que dis-je? Epicure, ce Philofophe raifonnable, que Ciceron a combattu en fophifte, donne cette maxime : *Le Sage n'aura point de commerce avec la femme qui lui eft interdite par les Loix.* Et cet homme décrié mettait pourtant le fouverain bonheur dans la volupté (*)!

Le Comte de J** venait de fe mettre au lit, lorfque M. de T*** était rentré dans fon apartement. Le trouble, l'émotion violente que produifaient dans fon âme mille paffions contraires, lui avaient caufé une fièvre ardente.

___

(*) Avant le Chriftianifme, dont la fublime Philofophie eft au-deffus de tout ce que les hommes ont penfé, la Morale d'Epicure était la feule raifonnable.

Attendri, touché jusqu'au fond de l'âme par le discours du Comte de T···, il ne put retenir ses larmes, & prenant avec lui le ton de la confiance & de l'amitié, il lui répondit: —Ne craignez rien pour votre fils, monsieur; je respecte trop son père.... Je suis faible.... malade.... Ah! mon cher Comte! mon unique, mon véritable ami!... je ne suis pas innocent;... j'ai des torts avec mon épouse;... je les confesse; je veux les réparer.... On m'a dit ce que vons venez de faire;... je l'approuve, & tout ce que votre prudence vous dictera par la suite.... Mais il est bien vif, bien étourdi, ce jeune Marquis!... il a blessé mon portier,.... Luce,... il a rempli ma maison d'effroi: cependant cette fille.... Voyez-la, monsieur; elle vous apprendra des choses qui vous étonneront—.

Monsieur de T··· s'aperçut que le Comte de J·· desirait d'être seul, & que son mal l'absorbait. Il le quitta pour passer auprès de Luce, qu'il trouva presque mourante: il se hâta de s'informer si l'on avait pris des précautions... Luce l'interrompit. —Quittez ce soin obligeant, monsieur, lui dit-elle; ma vie est en sûreté, à moins que cette légère blessure (ajouta-t-elle en montrant son bras en écharpe) ne me la fasse perdre; ce qui, je crais, n'est pas à redouter. Cependant, monsieur, elle m'a empêché de me rendre à vos ordres: & comme je m'ell pérais pas que vous me feriez l'honneur de venir auprès de moi, j'ai cru que je pouvais vous faire écrire par Aubert (c'était le Laquais que la Comtesse de J · · chargeait de ses Lettres pour le Marquis) tout ce qu'il était néceffaire que vous appriffiez fur le champ . . . . . Non , monfieur , ajouta Luce à demi-bas , je n'ai trahi ni ma maîtreffe , ni mon bienfaiteur . . . . Daignez lire ce que je dictais. Je fuis bien fûre qu'après m'avoir entendue , je ne verrai plus dans vos yeux cet air d'indignation & d'horreur que ma préfence femble vous infpirer——. Le Comte prit ce papier , curieux d'entendre comment elle fe juftifierait d'avoir fervi la fureur de fon maître , & d'avoir elle-même porté le poifon à fa maîtreffe. Il allait commencer à lire , lorfque Luce fe trouva mal. Monfieur de T · · · , en la fecourant , s'apperçut que le fang coulait d'une large bleffure que cette jeune-fille avait au côté , & qu'elle avait voulu lui cacher. ——Ah ! ciel ! s'écrie-t-il, mon fils, quoi ! mon fils.... Et voilà donc tes fuites , ô paffon cruelle , fource des biens & des maux des hommes , lorfque tu as commencé par égarer les cœurs que tu devrais guider ! tu les abreuves de larmes & de fang. . . . O Dieu tout puiffant ! l'amour fit mon bonheur; perdra-t-il mon fils——? On calma , quoiqu'avec peine , l'effroi du Comte , en l'affurant que Luce n'était que faible , que dans peu de jours elle ferait fur-

piéd , & que la bleſſure ne pénétrait pas.
Mais que devint-il , lorſqu'en liſant , il con-
nut que cette fille était honnête & fidelle?
La Lettre était conçue en ces termes :

Monsieur,

Vous me croyez bien coupable ; vous me
regardez comme un monſtre d'ingratitude &
d'inhumanité. La prudence & la ſageſſe la plus
conſommée ne peuvent faire deviner un fait,
que toutes les circonſtances ſemblent dé-
mentir. Un court expoſé de ma conduite ,
monſieur , va j'eſpère me rendre votre eſtime.

Lorſque monſieur le Marquis m'eut plá-
cée chez madame la Comteſſe , j'eus bientôt
lieu de ſoupçonner qu'ils avaient l'un pour
l'autre cette vive paſſion dont vous venez de
voir les triſtes effets. Les viſites de monſieur
le Marquis étaient fréquentes : lorſque des
amies de madame venaient la voir , je m'a-
percevais bien que l'air qu'il prenait auprès
d'elles était tout différent de celui qu'il avait
ſeul-à-ſeul avec ma maitreſſe ; ſouvent aux
promenades , où je l'accompagnais toujours,
nous laiſſions la compagnie pour nous enfoncer dans les endroits peu fréquentés , & toujours nous y rencontrions monſieur votre fils.
Je ne pouvais m'empêcher de me dire quelquefois à moi-même , pourquoi cet homme charmant ne s'adreſſe-t-il pas à celles qui ſont
libres ? il y en a parmi celles que je vois ici,
qui valent ma maitreſſe pour la beauté ; elles
pourraient l'écouter ſans blâme. Il me ſemble

que madame & monsieur le Marquis ne pren-
nent pas la route qu'il faut tenir pour être
heureux. Mais ce n'est pas tout : ils paraif-
faient defirer que je les pénétraffe. Les obligations que je leur avais, firent apparemment qu'ils comptèrent fur ma difcrétion ;
ils fe gênaient peu devant moi. Cependant,
monfieur, je me rappelai les avis que m'a-
vait donné mon père, lorfqu'il m'arracha au
danger où l'imprudence de ma mère m'avait
expofée. Ces avis me donnèrent des lumières fur des chofes auxquelles je n'euffe fans-
doute fait aucune attention. Je penfai que
ma maitreffe & mon aimable bienfaiteur fe
perdraient, en fuivant un goût qui ne pouvait toujours être innocent. Ce fut dans ces
entrefaites qu'ils me fondèrent tous deux en
particulier, pour me mettre dans leur confi-
dence. Mais j'étais attachée à mon bienfaiteur, à mon maître, & j'ofe dire, monfieur, que je l'étais plus encore à ma mat-
treffe. Je ne vis, pour elle fur-tout, qu'une
foule de malheurs dans cette intrigue. Je fis
femblant de ne pas entendre ce qu'ils me di-
faient ; & lorfque madame fut feule avec moi,
je pris occafion de quelques hiftoriettes que
je fabriquais à plaifir, pour déclamer avec
force contre les femmes qui trompent leur
mari. Je réuffiffais de la forte à leur ôter l'envie de me faire part de leur fecret, qu'ils
étaient bien-loin de craire que j'euffe entièrement pénétré : mais ils n'en furent pas moins

exacts à se voir chaque jour. Il ne m'était
pas difficile de suivre toutes leurs démarches,
& même d'entendre souvent leurs entretiens.
Je me trouvai fort embarassée: l'intérêt de mon
maître ; celui de monsieur le marquis lui-
même, & plus encore celui de madame, exigeait que je cherchasse le moyen de leur faire
éviter le crime & le deshonneur. Je pris le
parti d'attendre, tant que je les vis se con-
tenir dans les bornes que prescrivent le devoir & la décence. Mais lorsque je m'aper-
çus que le Marquis voulait tromper l'époux
de ma maitresse, en lui persuadant, qu'il
était amoureux d'une autre jeune Dame, &
que sous ce prétexte, monsieur avait souvent
feint de le mettre des parties de campagne qu'il
fesait avec le Comte de Q··, pour que le
Marquis pût rester à Paris, à votre insu,
je crus que bientôt les deux barrières, qui
jusqu'alors avaient retenu votre fils & madame, allaient devenir trop faibles ; je n'en
pus douter, lors d'un long voyage que monsieur fit avec le Comte de Q··, pour l'achat
d'une terre, vous crûtes que le Marquis les
avait accompagnés pendant les six semaines qu'il dura : mais il n'en mit que
deux à voir les ports-de-mer dont il devait
vous parler, & monsieur croyant aider à
vous tromper, agissait contre lui-même.
Votre fils était à Paris, il ne quittait pas
madame. Monsieur, dont la criminelle complaisance favorisait ses égaremens, en

était justement puni ; il servait le Marquis à son préjudice, en pensant le servir
à celui d'un autre. J'aimais trop ma maitresse pour l'abandonner : je voulus la servir
en dépit d'elle-même : voici, Monsieur, ce que
je résolus, & ce que j'ai fait. Au retour de
Monsieur, je jetai d'abord des soupçons
dans son esprit ; je lui dis ensuite que monsieur le Marquis de T··· était trop assidu
chez lui ; que je ne croyais pas que madame fût capable de violer son devoir ; mais
que le Marquis était aimable ; que toute la
vertu de madame suffirait à peine pour la
garantir du prestige de ses sens, & qu'il était
très-imprudent de l'exposer à un aussi grand
danger ; qu'à sa place je romprais avec le
Marquis. Monsieur m'écouta avec beaucoup
d'attention, haussa les épaules, & ne fit
que rire de mes craintes ; il employa même
une raillerie mortifiante, que je n'ose vous
rapporter, comme si j'avais été jalouse sur
madame : il ajouta, que le sûr moyen de
réaliser mes idées chimériques, serait de suivre les conseils d'une personne de mon âge
& de ma capacité. Je vous avouerai, monsieur, que je ne m'attendais pas à tant
de sécurité de sa part, malgré que je
susse bien ce qui la causait. Je fus sur le
point de tout abandonner. Cependant la
tendresse que j'ai toujours eue pour madame, & que je lui conserverai toute ma vie,
la reconnaissance que je dois à madame la

Comtesse de T···, à vous, monsieur, & à votre cher fils, que je tremblais qui ne se coupât un jour la gorge avec monsieur, me firent passer sur ma répugnance. Mais le peu d'attention que monsieur avait donné à mes avis, occasionna un malheur que ma maitresse ne se pardonnera jamais ; oui, j'augure assez bien de son cœur pour cela. Je les vis un jour après ce fatal voyage.... Ils étaient seuls depuis deux heures ; on m'avait donné des commissions pour m'éloigner : j'étois inquiète, je n'en fis que la moitié. De retour plutôt qu'on ne le pensait, je trouvai que la porte de l'appartement de Madame était fermée : cependant je l'avais laissée ouverte. Tout est perdu, me dis-je à moi-même. Cependant comme madame m'avait ordonné devant le Marquis lui-même, de ne la laisser jamais seule, je descendis dans le jardin, afin d'aller au cabinet de la Comtesse, par le petit escalier dérobé qui donne sous la terrasse : j'avais une clef de cette porte ; j'entre sans faire de bruit ; un silence profond régnait dans l'appartement ; j'avance..... Oh ! monsieur, je fus pénétrée de déplaisir..... Madame & le Marquis étaient tous-deux dans l'égarement d'une passion trop écoutée ; & ma maîtresse avait cessé d'être estimable à ses propres yeux. Je me retirai, sans qu'ils m'eussent aperçue. Je vis qu'il ne falait pas différer davantage à leur faire rompre absolument un commerce, qui tôt ou tard aurait des suites funestes pour tous-deux. J'avertis de nouveau monsieur; mais je me donnai bien de garde de lui laisser seulement entrevoir tout ce que je savais. Je me contentai de lui dire que j'étais presque sûre que le Marquis n'avait pas des vues honnêtes, & qu'il n'entretenait pas madame d'une autre que d'elle; qu'une si grande familiarité aurait des suites fâcheuses pour deux personnes trop faites pour s'aimer; qu'à la vérité, madame le retenait dans les bornes du respect, mais qu'elle ne se fâchait pas comme elle l'aurait dû. Monsieur m'écouta davantage, & soit qu'il eût été témoin de quelqu'indiscrétion de leur part, ou qu'il fût touché de mon zèle, il ne me fit point essuyer les froides railleries qu'il ne m'avait pas épargnées la première fois que je lui parlai: il me chargea de les épier, & de l'avertir dans une circonstance, où il pût faire des plaintes qui ne parussent pas ridicules & déplacées, & défendre ensuite à son épouse de recevoir le Marquis. Sa commission était assez difficile à exécuter: dès que je disparaissais, la scène changeait de manière à donner lieu à des plaintes qui n'eussent été rien moins que modérées. Cette idée m'occupait: je ne sais de quelle façon je répondis à monsieur; mais il me parut fort troublé: je fus le calmer: je lui dis qu'il suffirait d'épouvanter Madame, & celui qui cherchait à lui faire partager sa passion. Ce

fut ce jour-là même qu'Aubert me confia ses
scrupules au sujet des Billets dont madame le
chargeait tous les jours pour monsieur votre
fils. Je tâchais d'éloigner ses soupçons ; mais
on avait eu besoin de son secours dans une
circonstance pour faire échapper le Marquis;
il me l'avoua , & me fit entendre qu'il était
plus instruit que je ne le pensais. Il me montra des sentimens généreux, & conformes aux
miens pour madame : je lui dis qu'il falait
aimer solidement notre belle maitresse : nous
nous communiquames nos vues , & nous ré-
solumes d'agir de concert. Un jour monsieur
venait de sortir ; le Marquis , qui le guettait
apparemment , parut aussitôt. J'appelai Aubert : je l'envoyai dans les maisons où je savais que pouvait être monsieur : un Billet
l'informait que l'occasion que nous cherchions
venait de s'offrir. Le cœur me battait violem-
ment en hazardant cette démarche ; je tremblais également que Monsieur en vît trop ,
ou n'en vît pas assez pour se déterminer au
sage parti. Comme j'avais la facilité d'observer ce qui se passait, j'étais continuelle-
ment au guet , prête à les avertir eux-mêmes,
si mon maître fût survenu dans un instant où
il ne lui eût pas été permis de se modérer. Ce
fut cependant à-peu-près ce qui arriva , malgré mes précautions ; & si je ne me fusse
jetée à-propos sur l'épée de monsieur , peut-
être que la scène aurait été ensanglantée.
Monsieur desarmé, appela ses gens ; mais

j'avais eu soin auparavant de les disperser ;
le seul Aubert fut à portée de l'entendre ; il
se saisit de monsieur le Marquis, qu'un coup
d'œil rendit docile, & promit d'en répondre.
Monsieur qui ne connaissait pourtant pas
encore jusqu'à quel point il était outragé,
accablait de reproches sa faible compagne,
tandisqu' Aubert fesait adraitement échapper
monsieur le Marquis. Madame était plus
morte que vive, & dans cet état, elle trem-
blait moins pour elle, que pour votre fils,
Monsieur. Dès que son mari l'eut laissée,
elle me dit de m'informer si le Marquis
était sorti de l'hôtel. Je ne vis pas d'inconvénient à l'en assurer, pour la tirer d'une
peine qui me fesait appréhender pour sa vie.
— Si tu voulais, ajouta-t-elle, ma chère
Luce.... je lui écrirais ; tu lui donnerais
toi-même mon Billet.... Je tremble.....
Tu sais comme il est vif.... Nous l'aimons
toutes-deux ; du moins tu me l'as dit cent
fois, que ta reconnaissance.... S'il allait
chercher monsieur de J**, & lui demander
raison, les armes à la main, du traitement
qu'il vient de recevoir.... Il faut prévenir
ce malheur—. Je me dérobai pour demander
à Monsieur ce que je devais faire. La Comtesse achevait sa Lettre lorsqu'il entra : il voulut la voir : ce fut alors qu'il lui signifia
sa volonté, & qu'il lui jura de l'immoler à
sa vengeance : il lui ordonna d'en instruire
son Amant. Il sortit le désespoir dans le cœur;

mais il fut affez raifonnable pour excufer le langage de la paffion, dans une jeune femme toute éprife, & fes réfolutions n'étaient point auffi terribles qu'il venait de le montrer. La Lettre que Madame écrivait au Marquis, ne devait point tomber entre fes mains ; c'était à madame de T···, ou bien à vous, monfieur, qu'Aubert devait la remettre. Je devais y ajouter un mot, pour vous engager à venir fur le champ arracher ma maitreffe au fort qui la menaçait. La manière dont Madame s'exprimait, me difpenfa d'écrire. Tandis que Madame pliait fa Lettre, j'apportai myftérieufement fur fa table une taffe à thé, où il n'y avait que de l'eau pure. Il n'était pas néceffaire que je feigniffe de la douleur ; j'en reffentais une trop véritable, & je fondais en larmes. Aubert entra, prit la Lettre : il était fûr de ne pas trouver le Marquis, qui était allé l'attendre dans un lieu convenu, pour être plutôt inftruit du fort de Madame. Ce garçon jouit encore de leur confiance. J'ai pris en votre préfence, monfieur, le poifon prétendu deftiné pour madame, afin de ne laiffer aucun doute de la droiture des intentions de monfieur & des miennes ; & de nous fournir à vos yeux un moyen de juftification qui fût fans replique. Vous voyez, monfieur, qu'on eft quelquefois innocent, malgré les apparences ; on m'a crue coupable du plus énorme de tous les crimes ; ma maitreffe & monfieur votre fils me regardent comme un *monstre : justifiez-moi , monsieur, auprès du Marquis ; daignez lui dire, que les filles de Nishard se souviendront toujours de lui pour le chérir & l'honorer. Lorsqu'il en sera temps, j'espère de madame la Comtesse de T··· qu'elle voudra bien me servir d'avocate auprès d'une maîtresse que j'adore malgré ses faiblesses , parce qu'elles ne sont qu'une ivresse, & non pas un effet de la corruption du cœur. Son époux ignorera toujours jusqu'à quel point elle les a poussées. Il n'est pas insensible pour elle , comme elle l'a toujours pensé ; il n'est qu'imprudent : l'état où tout ceci le met, prouve qu'il l'aime, & qu'il est au désespoir de l'affliger. . . . . .*

Monsieur de T ···, en achevant de lire, ne put cacher son étonnement & sa surprise. La conduite hardie & raisonnable de Luce, lui parut bien au-dessus de la portée d'une fille si jeune , & dont l'éducation avait été négligée. On prit d'elle , par les ordres de monsieur de T ··· & de monsieur de J··,le même soin qu'on aurait eu de leur fille. Le père du Marquis ne pouvait se lasser de louer sa prudence , son zèle,& sur-tout l'honnêteté de ses sentimens. Le Comte de T ···l'assura qu'il desirait pour madame de T ··· l'avantage dont jouissait madame de J··, d'avoir quelqu'un qui prît pour sa maîtresse un attachement aussi sincère que celui qu'elle avait montré dans cette occasion. (Monsieur de T ··· venait d'apprendre depuis quelques jours , qu'une femme-de-chambre , abufant de la confiance de la Comteffe fon époufe, avait eu l'audace d'introduire un jeune-homme , jufques dans l'appartement de fa maîtreffe. Juliette & le Marquis étaient perdus fans ref- fource, fi Luce avait reffemblé à l'infâme *Lolote.*) En fortant de cette maifon, monfieur le Comte de T · · · était dans des fentimens bien moins pénibles que ceux avec lef- quels il y était venu.

Il faut avouer que l'époux de Juliette avait tout fait pour mériter fon malheur. Jufqu'alors, il n'avait cherché , comme pref- que tous ceux qu'une grande fortune difpen- fe de s'occuper utilement , qu'à fatisfaire des paffions effrénées. A quarante-cinq ans il époufa une femme qui n'en avait pas dix-huit: tant de difproportion avait empêché qu'ils ne fe trouvaffent l'un à l'autre cette égalité, fans laquelle l'amour ne peut naître , à moins que l'un des deux n'ait l'art de fe rapprocher de l'autre. Mais le Comte de J·· avait été bien loin de prendre ce parti. Il craignait de fe ren- dre ridicule, en laiffant paraître le goût qu'il avait réellement pour fa jeune époufe : il n'ô- fait fe prêter aux jeux d'une enfant, parce qu'il fe figurait qu'il l'eût fait de mauvaife-grâce. Juliette était fortie pure des mains de fa mè- re , pour paffer dans les bras du Comte : madame la Barone d'E · · · avait donné à quatre filles , dont madame de J · · était la feconde, une éducation excellente. Juliette

eût imité cette mère fage ; mais jeune encore , & dans cet âge où le cœur s'ouvre à
la tendreffe , elle ne voyait dans fon époux
que l'ami de fon père ; un homme qu'elle
était accoutumée à recevoir avec refpect ;
avec lequel elle était gênée ; elle ne l'abor-
dait jamais qu'en baiffant les yeux (*). Au
lieu de defcendre jufqu'à elle ; de tirer parti
d'un caractère plein de douceur , en rendant
des foins à fa compagne , en la traitant avec
cette confidération que deux époux fe doivent
réciproquement, en l'élevant même au-deffus
de lui , pour avoir le plaifir de l'en voir defcendre , le Comte abufa de fa timidité pour
commander en defpote à fon égale : on n'ô-
fait lui réfifter ; mais il fut haï , détefté ,
comme on détefte un maître. Elle fentait
pourtant dans fon cœur , un befoin d'aimer ;
fes lectures l'attendriffaient ; elle pouffait des
foupirs ; mais ils étaient pour un être inconnu,
& non pour celui qui s'efforçait de lui paraître infenfible. Juliette était dans ces difpofitions , lorfqu'elle connut le Marquis de

(*) Ce portrait n'eft malheureufement pas celui du plus
grand nombre des filles que l'on marie trop jeunes ; il arrive au contraire prefque toujours , que celle qui devrait recevoir des confeils , veut en donner : on voit un enfant de
quinze ans conduire un homme dans l'âge mûr , ou même
à fon automne, & d'ordinaire le conduire mal. Cependant,
dans les Provinces , on trouve encore quelquefois l'original
du tableau que je donne ici ; mais je crais qu'on ne le trouve plus qu'en Province , où même il commence à devenir
plus rare de jour en jour.

T · · · ,

T···, comme elle au printems de fa vie, tendre, foumis, refpectueux : fon cœur vôla au-devant de celui de ce jeune-homme aimable ; elle le prévint. Eh ! qui pourrait réfifter à une jolie femme qui veut plaire ? L'homme le plus fage, ceux à qui l'âge & l'expérience ont fouvent fait apprécier les tranfports & les tourmens de l'amour, font incapables de cet effort. On doit fuir, ou l'on fuccombe. Lorfque le Comte de J·· ne put douter que fa femme n'eût un Amant aimé, il en fut au defefpoir ; il crut fon deshonneur complet. Il eft impoffible d'exprimer combien il fut furpris de voir le Comte de T··· penfer là-deffus autrement que lui, & que le commun des hommes. Dès principes femblables à ceux du père du Marquis, qui font regarder le féducteur comme deshonoré, & fes parens comme refponfables de fes crimes, & comme obligés à les reparer, ne s'étaient jamais débités dans les cercles qu'il avait parcourus. Ils lui parurent nouveaux, mais raifonnables ; ils répandirent dans fon âme un calme, qu'il eût en vain tenté de fe procurer auparavant.

Lorfque le Comte de T··· fut de retour, il ordonna qu'on fît paraître fon fils devant lui. Henriette fondait en larmes, & lui demandait en tremblant ce qu'il avait réfolu. Car la douceur qu'elle avait toujours vue peinte fur le vifage de ce tendre époux était difparue : une vive émotion, des regards de

feu avaient pris ſa place. Il s'approcha d'elle , & lui prenant une main qu'il baiſa comme dans les premiers jours de leur union :
——Ma chère vie , lui dit-il , calmez cet effroi qui m'outrage ; rentrez , laiſſez-moi ſeul
avec notre fils; & croyez que je n'ai jamais ſi
bien ſenti combien il m'eſt cher. ——Mon ami,
reprit Henriette , vous me raſſurez ; j'avais
beſoin de l'être : ſi vous ſaviez dans quel
effroi m'a plongée ce qu'on eſt venu me dire!
Le laquais qui m'a remis l'effrayante Lettre
que vous avez vue , a trouvé le Marquis ; il
ne lui a dit que deux mots. Votre fils s'eſt
écrié : *Ah ! malheureux* ! & s'élançant comme un trait , il eſt diſparu , ſans écouter les
ordres qu'on lui donnait de ſe rendre auprès
de moi , ſans peut-être apercevoir les gens
de la maiſon que j'en avais chargés. On dit que
le Portier de l'Hôtel de J · · le voyant entrer furieux , a voulu s'oppoſer à ſon paſſa-
ge ; il a bleſſé cet homme , & le menaçait
de le tuer : il a rencontré la malheureuſe
Luce : *Infâme* , a-t-il dit , *tu vis encore* !
En même temps , il l'a frappée. Ah ! mon
ami ! on ſe ſera trompé , & votre fils. . . . . .
Dites-moi que tout cela n'eſt pas arrivé. . . .
——Plût-à-dieu ! lui repondit le Comte : mais le
mal peut ſe réparer : Luce eſt bleſſée légèrement , & cette fille eſt innocente : j'ai
vu le Portier en ſortant , & j'ai tâché de le
remettre efficacement de l'effroi que le Marquis lui a cauſé : monſieur de J · · eſt dans

les meilleures difpofitions qu'on puiffe imaginer pour fon époufe : la fcène qu'a donnée le
Marquis a moins éclaté que je l'aurais cru ,
par les foins que Luce avait pris d'éloigner
les gens de la maifon : tout reftera fecret ;
je vous inftruirai davantage dans un moment——. Henriette parut furprife & fatisfai-
te ; elle embraffa fon époux, & courut auprès
de fa chère Hélène jouir du feul plaifir que
l'on puiffe goûter dans ces momens de trouble,
celui de voir partager fa peine par ceux que
l'on chérit , & qui nous aiment.

Ce jour était le premier où le Marquis eût
vu fur le vifage du Comte une févérité que
rien ne tempérait. L'ordre qu'il venait de
recevoir , de fe rendre auprès de lui , l'inti-
mida. Il prit un moment pour fe préparer à
foutenir les regards de ce père fi doux , qu'il
n'aborda qu'en tremblant. Il fe fit d'abord
entr'eux un profond filence. ——Vous me me
demandez pas ce que je defire de vous, monfieur , dit enfin le Comte à fon fils , qui l'a-
vait abordé fans prononcer un mot ? Le Marquis tombe à fes genoux. —— Ah ! mon père,
s'écrie-t-il , je n'ôfe lever les yeux fur vous,
ni vous parler ; mon crime , je le vois , a
laffé votre bonté.... ——Il faut le réparer ,
monfieur , avant d'en gémir , intérompit le
Comte : votre pardon & mon amitié font à
ce prix. Tenez-vous prêt à me fuivre demain , & fongez à faire tout ce que vos remords devraient vous dicter au lieu de moi——.

—Que me prescrira-t-il, se dit à lui-même le Marquis, après avoir quitté son père?... Eh! puis-je en douter?.... O devoir! il faut donc t'immoler mon bonheur?...Que dis-je, mon bonheur? Ah! si ce n'était que le mien! mais il te faut un sacrifice mille fois plus grand encore.: c'est le bonheur de ma Juliette que je dois immoler.... Malheureux! sans mon père, cette Juliette que j'adore.... Horrible souvenir, tu me déchires!... Mon père! mortel si digne de tout mon respect, qui l'eût dit, que je vous devrais plus que la vie, plus que pour tous ces soins si tendres que vous me prodiguates toujours! Ah! mon père! commandez; votre fils ne saura.... Eh-mais, le pourrai-je, oublier Juliette?... On ne l'exigera pas. Mais cesser de la voir! de lui jurer ce sentiment immortel qu'elle a fait naître dans mon cœur; non, je ne le pourrai jamais.... ah! jamais!.... Renouvelerai-je donc la scène cruelle d'aujourd'hui? verrai-je encore cet objet adoré... Douloureuse pensée! alternative affreuse! Renoncer à Juliette, ou l'exposer à périr! Juliette périr!... Ah! que tout l'univers soit auparavant confondu! Loix barbares! qui m'a soumis à vos caprices? Je suis né libre, & les sermens des lâches qui vous ont reçues, ne me lient point.... Oui; une nouvelle lumière m'éclaire: je vais fuir au bout du monde, avec l'objet du plus violent amour ; nous ferons heureux , malgré l'usage , & malgré ces loix que j'abhorre , que ma Juliette déteste comme moi ... Je ne respirerai que pour elle ; elle ne vivra que pour son fidèle Amant ... Là , tous-deux ... Cette pensée me rend la vie ... Je verrai donc encore cette bouche divine me sourire ! Juliette m'aimera , sans que des hommes injustes la fassent rougir d'une tendresse innocente , qu'ils ont eu la cruauté de punir. Ils ne nous verront plus ; jamais leur odieuse présence ne troublera nos plaisirs ; nous les braverons , nous .... Et mon père ! & cette mère tendre qui me porte dans son sein ! Je les fuirai donc aussi ! je ferai couler leurs larmes ; j'empoisonnerai des jours, heureux si je ne fusse jamais né ; je les abrégerai .... Moi ! qui moi ! ... Il ne se peut pas , quoi qu'en dise mon cœur , que mon amour soit innocent ; je sens qu'il m'entraîne au plus grand des crimes , que puisse commettre un fils , à l'ingratitude .... Et pourtant , j'en mourrai ! ... Ah ! oui ; je ne le sens que trop ; sans Juliette , je ne saurais vivre ; ... non je ne vivrai pas : quelques jours tristes , ennuyeux , s'écouleront dans la langueur , & je mourrai.... O ! toi , divine moitié de mon être , Juliette , le plus bel ouvrage du Père-de-la-nature , je t'en fais le serment , le dernier soupir où s'exhalera mon âme , sera d'amour pour toi⸺.

Le lendemain , avant de parler à son fils ,

monsieur de T··· retourna voir l'époux de Juliette, sous le prétexte honnête & vrai de s'informer de sa santé. On lui dit que la fièvre était moins ardente, mais que la nuit avait été très-mauvaise. Il avait remarqué la veille que le Comte était pénétré de regret d'avoir, par sa conduite, creusé l'abîme sous les pas de sa belle compagne. Cette idée de deshonneur, dont les travers d'une femme couvrent un mari, était affaiblie, & le préjugé presque détruit : le Comte de T··· s'en était aperçu avec satisfaction ; il résolut de ne pas abandonner son ouvrage : il se fit annoncer. Le malade témoigna beaucoup de joie de le revoir. Monsieur de T··· ne doutait pas que le Comte ne fût déterminé à exciter la reconnaissance dans le cœur de sa jeune épouse, par l'oubli de son injure ; mais il fut surpris de lui trouver pour elle l'empressement & les craintes d'un Amant. —L'avez-vous vue ? cria-t-il au père du Marquis, dès qu'il l'aperçut : me croit-elle encore un cruel, un barbare ? Ah ! mon ami, que cette idée me tourmente ! Hâtez-vous de l'instruire .... Juliette pense que j'ai pu me résoudre.... Qu'elle doit me haïr ! .... Et si je l'avais trop effrayée, & qu'à présent ses jours fussent en danger ? .... je ne me le pardonnerais jamais—. Le Comte de T··· le rassura ; il lui dit qu'il falait laisser au remède violent qu'il avait employé, le temps d'opérer, & que la Comtesse de T··· se chargerait de détromper madame de J··, lorfqu'il en ferait tems. Il lui fit part d'un projet, auquel il ne manquait que fon approbation : c'était d'envoyer la Comteffe pour quelque temps à la campagne, chez madame de N·· fa parente, fous prétexte de rétablir fa fanté : madame de T··· devait l'aller voir quelque temps après, lui préfenter Luce, & lui tout découvrir : Henriette examinerait enfuite les difpofitions où fe trouverait la jeune Comteffe, & fixerait en conféquence le temps où monfieur de J·· fe rendrait auprès de fon époufe. Le Comte goûta cet arrangement; il conjura monfieur de T···, en le nommant fon père & fon ami, de l'exécuter fur-le-champ. Ils convinrent enfemble de l'heure & de la manière de ramener la Comteffe chez elle : monfieur de T··· allait fe retirer ; le Comte de J·· l'arrêta : —Elle va venir : de quel œil, dit-il vivement, regardera-t-elle celui qu'elle croit fon affaffin ? Ne pourrait-on l'inftruire à demi ? lui dire.....—Nous prendrons confeil de l'occafion, intérompit monfieur de T···. Laiffez-moi tout conduire. Si vous faviez combien je defire votre réunion ! Mon cher Comte ! je vais employer le moyen que le ciel m'infpire : il ferait peut-être fans effet fur des âmes vulgaires : mais votre époufe & celui que vous favez connaiffent la vertu ; fa divine empreinte eft au fond de leurs cœurs ; un nuage la leur dérobe ; il faut le diffiper. Le temps preffe : vous me reverrez bientôt. Adieu——.En achevant ces mots, le Comte le quitta pour fe rendre auprès de fon fils.

Le Marquis fe livrait encore à ces penfées tumultueufes, à ces incertitudes déchirantes qui l'avaient agité la veille , lorfque le Comte le fit appeler. Ils fortent enfemble: le jeune de T ··· ignorait où fon père allait le conduire. Comment l'eût-il deviné ? Ils arrivent à la porte d'un Monaftère ; c'était celui de Juftine , le même où mademoifelle de T ··· avait paffé quelques jours. Le Marquis penfa que fa coufine y était encore : il ne l'avait pas revue depuis fix ans ; il la defira pour la première fois. Il s'attendait à la voir paraître : mais quelle fut fa furprife ! c'eft Juliette que fon père a demandée ; & c'eft elle qui s'offre à fa vue ! Tous-deux s'écrièrent , en s'apercevant. Un regard du Comte.leur fit renfermer en eux-mêmes le mouvement de joie dont leurs cœurs n'avaient pu fe défendre.——*Madame* , dit le vertueux Comte à Juliette , *votre jeuneſſe & votre inexpérience me font excufer un attachement criminel ; le même motif me difpofe à pardonner à mon fils: je vous crois à tous-deux des fentimens d'honneur: on peut-être coupable fans être vicieux; car c'eft l'habitude du crime qui fait les malhonnêtes-gens. Madame , mon fils , écoutez-moi tous-deux. Mes chers enfans !.. (* Des larmes prêtes à couler remplirent ses yeux), c'est un nom que mon âge me permet de vous donner également : dans quel abîme vous alliez - vous enfoncer, après y être tombés ! Votre bonheur.... (oui je le nomme un bonheur, madame) votre bonheur a voulu que vous fussiez découverts ; que l'horrible vengeance ait été prête à fondre sur vous, & qu'une main amie l'ait détournée. Après une leçon aussi terrible, il est impossible que la vertu ne rentre pas dans des cœurs tels que les vôtres.... Pour vous, madame, à qui la nature a départi les attraits les plus séduisans, je ne doute pas qu'une âme plus belle encore n'anime ce corps formé par les grâces. Hier, lorsque vous fûtes partie, je vis monsieur le Comte de J**, & j'entrepris de le calmer. J'ose dire qu'il y était disposé : oui, madame, j'ai obtenu bien au delà de ce que j'espérais : il consent à vous voir, à tout oublier ; il fait plus, il promet d'avoir pour vous tous les égards, toute la tendresse que vous auriez méritée, si, fidelle à vos devoirs... Pardon, madame : je m'aperçois que j'en dis trop. Mais il serait à propos que monsieur le Comte & vous prissiez quelque temps pour vous rasseoir. Cependant votre séjour dans un Couvent pourrait nuir au dessein que nous avons d'étouffer cette avanture, & faire passer dans le public certains soupçons qu'il faut prévenir : quittez-le dès aujourd'hui : vous irez à la campagne avec la

Marquise de N··: c'est une femme respectable, proche parente de votre mari. La
scène d'hier vous a extrêmement changée; vous
allez paraître chez vous ; le besoin de respi-
rer un air plus pur que celui de la ville, est
un prétexte tout trouvé auprès de votre famille : le Comte votre époux, que j'ai revu
ce matin, s'offre de vous donner en présence de vos parens les preuves de l'attachement le plus sincère. On s'est assuré de la
discrétion de vos domestiques ; & d'ailleurs,
ils vous aiment : Luce sur-tout.... Madame, craignez d'être injuste envers cette
fille, peut-être ne mérite-t-elle pas de vous
inspirer l'horreur que ce geste annonce : je
suis instruit : quand vous connaîtrez ce
qu'elle a fait pour vous....Je vous appren-
drai tout une autre fois. Je vous l'avouerai, madame, j'ai été touché de l'affection que toute votre maison a pour vous :
Elle a des vertus, me suis-je dit à moi-même,
puisqu'elle est aimée ; il faut qu'elle en ait
beaucoup. Non, belle Juliette, vous n'avez
point cessé d'être estimable par l'égarement
d'un jour. Rentrez dans vous-même ; vous
pouvez y descendre encore, sans qu'un sentiment trop pénible vous contraigne à vous
répandre au-dehors. Vous êtes aimée de vos
gens : que dis-je, aimée ? adorée : il n'en
est aucun qui ne vous porte dans son cœur....
comme chez nous l'on aime ta mère, (dit
le Comte en s'adressant à son fils)....Eh !

combien en eſt-il, parmi ces femmes, qui affi-
chent la régularité la plus minucieuſe,
qui ſe font déteſter chez elles ! Allons, madame : vous reſterez avec madame de N** au
Pont-de-P** juſqu'à ce que votre époux ail-
le vous y trouver ; & ce temps, je crois,
ne ſera pas long. Il ſe donne des torts ; je
ne ſais de quelle nature ils ſont ; mais il
veut changer de conduite, & mériter un cœur
dont il avoue qu'il n'a pas connu tout le
prix. —Elle eſt tendre, me diſait-il ce matin, elle eſt tendre, & je n'ai pas ſu mériter ſa tendreſſe—! Des ſentimens ſi généreux doivent exciter votre reconnaiſſance,
& demandent du retour. Voila, madame,
tout ce que j'ai cru devoir vous dire—. Le
Comte de T*** s'inclina reſpectueuſement
devant madame de J**, & ſe tournant vers
ſon fils :

—Je me croirai, monſieur, autant heureux qu'on peut l'être après un malheur, ſi
vous me donnez lieu de penſer que vos diſpoſitions ſont les mêmes que celles de madame ; & que non-ſeulement vous ne porte-
rez aucun obſtacle au bon propos qu'elle forme, mais qu'ayant ouvert l'abîme ſous
ſes pas & ſous les vôtres, vous contribue-
rez à le refermer. Ah ! mon fils ! ſi tu pouvais
imaginer le tort que tu feſais à cette femme
aimable par ta criminelle paſſion ! je connais
ton cœur, je ne doute pas un inſtant que tu
n'en fuſſes épouvanté. Tu l'aimais, & tu

G ij

voulais la deshonorer ; la rendre un objet de mépris pour son époux ! Tu voulais lui ravir cette satisfaction , que rien ne peut compenser, de se dire toujours : Je ne rougis de rien ; on pourrait lire dans mon cœur sans me faire baisser les yeux. *Et moi, mon cher fils ? & ta tendre & vertueuse mère ? . . . ne veux-tu pas nous sauver la honte d'avoir donné le jour à un vil corrupteur ? Au nom de celle qui t'a fait connaître la première ce sentiment délicieux qui trop souvent nous égare ; au nom de cette mère qui te chérit ; d'un père qui verrait avec joie couler pour toi jusqu'à la dernière goutte d'un sang la source du tien , mon cher Marquis (* ô généreux effort de l'amour paternel ! le Comte tombe au genoux de son fils , de ce fils interdit , éperdu , confus, de cet excès de bonté) *daigne m'en croire ; abandonne la route qui conduit du faux plaisir au remords ; viens ; suis-moi, dans celle qui mène au bonheur par la vertu. Daigne, mon aimable ami, te représenter la vieillesse jusqu'à ce jour si fortunée de ton respectable ayeul : voudrais-tu le voir, souillant ses cheveux blancs des larmes de la douleur, maudire l'instant de ta naissance, & descendre au tombeau sans bénir son petitfils ? déchirer le cœur de cette charmante compagne que le ciel m'a donnée dans sa bonté, & nous faire gémir tous-deux de t'avoir. . . . .* —Ah ! mon père , s'écriait le Marquis , avant que le Comte eût achevé ce difcours, ah! mon père! n'achevez pas cet effrayant tableau. Commandez; difpofez de ma vie; prefcrivez à votre fils jufqu'à fes moindres actions; que votre âme fublime l'anime au lieu de la fienne... O ciel! quel père tu m'as donné——!... Il fondait en larmes, & fe tenait le vifage contre terre. ——Oui, monfieur, intérompit Juliette, tous deux nous fommes changés : on ne peut vous réfifter : fous les traits que vous lui prêtez, la vertu eft trop aimable ; votre douceur ; cette conduite, telle qu'un Dieu l'eût tenue, s'il était venu fur la terre exprès pour nous rappeler à notre devoir, m'engage à vous jurer que je vous immole tous mes panchans. Adieu, Marquis, s'écria-t-elle ; vous me futes cher ; vous me l'êtes encore.... autant..... non, mille fois davantage à caufe de votre père. Adieu; je ne vous verrai jamais ; non, jamais, tant que mon cœur pourra former des defirs. J'exige de vous la même promeffe. Voila ce portrait qu'une criminelle tendreffe me fit defirer. Je le remets à votre père. Donnez-lui le mien ; commençons par ce léger facrifice celui de nos cœurs——. Le jeune de T··· foupira ; mais il regarda fon père : ce mortel refpectable l'encouragea d'un fourire: le Marquis jura qu'il ne verrait jamais Juliette. Tout jufte qu'était ce ferment, il en frémit : fa tête fe pancha fur le fein de fon père ; fes joues perdirent leur éclat: Juliette, la fensible & trop faible Juliette, fit un cri perçant, & s'évanouit.

Le Comte de T··· fonna : deux Sœurs accoururent : elles portèrent Juliette dans fa chambre : le jeune Marquis, foutenu par fon père, s'éloigna en foupirant. Il monta feul dans la voiture qui les avait amenés.

En reconduifant le Marquis, le Comte de T··· aperçut la livrée de madame de J·· & fon caroffe : il attendit qu'elle fût remife, pour lui faire dire qu'il l'attendait. Elle vint au bout d'une demi-heure : l'alté- ration qui paraiffait fur fon vifage, fit con- naître au Comte combien la généreufe ré- folution qu'elle venait de prendre avait dû lui coûter, & il l'en eftima davantage. Tous deux fe rendirent auprès de monfieur de J··. Les domeftiques revirent leur maîtreffe en pleurant de joie. Juliette fut fenfible à leur affection ; elle les regardait tous, & fem- blait chercher cette Luce, que le Comte avait promis de juftifier. Elle l'avait tendrement aimée. ——Craint - on de paraître, dit-elle à monfieur de T···, fans la nommer, lorf- qu'on eft innocente ? ——Vous lui pardonne- rez, & vous la plaindrez, madame——, reprit le Comte de T···, en entrant dans l'ap- partement du malade. Tout le monde fe re- tira. Juliette fe mit à genoux devant le lit de fon mari : il lui tendit la main, & la con- jura de fe relever : mais cette époufe humi-

liée fondait en larmes ; elle prit en tremblant la main de son mari ; elle alla jusqu'à
la baiser. Emu , hors de lui, le Comte de J··
ne se posséda plus. —*Viens , mon adorable
Juliette* , lui criait-il ; *c'est à moi que cette
posture convient. Ah ! je le vois : il n'eût
tenu qu'à moi d'être le plus heureux des hommes : ton âme sensible & tendre , ne demandait qu'à se donner : Insensé ! je t'ai négligée , trahie , & je voulais te punir de m'a-
voir imité ! Ah ! viens règner sur mon cœur;
j'ose te jurer que je le rendrai digne du
tien....* Monsieur de T··· craignit qu'une
émotion si vive ne nuisît au malade ; il en
avertit madame de J·· : elle se leva ; elle
pressa contre son sein la tête de son époux ,
qui s'était soulevé pour lui donner un baiser,
& s'assit auprès de lui. Ils pleuraient tous-
deux, & craignaient de se regarder.— *Juliette* , dit le Comte , *d'un ton attendri , je
vous aimais , lorsque je vous épousai : vous
sortiez à peine de l'enfance : je craignis
qu'en vous laissant voir ce que je nommais
ma faiblesse , vous ne vous en prévalussiez :
j'en cherchai d'autres que je n'aimais pas ;
& je vous fuyais , vous qui m'étiez chère , &
que j'adorais malgré moi. J'employai tout
pour vous cacher les transports que vos appas
naissans excitaient dans mon cœur. Cependant vous devintes si touchante , si belle ,
que vous étiez sur le point de triompher de
ma fausse prudence & de tous mes anciens*

goûts. Un jour (vous pourriez vous le rappeler) nous étions dans le jardin, sous ce berceau de jasmins & de chèvrefeuils qui donne sur le cours ; je passai mon bras autour de vous ; j'admirais cette taille suelte ; mes yeux se fixaient sur les vôtres, sur ces beaux yeux qui m'enchantent ; j'allais vous dire : Belle Juliette, je vous adore. J'entendis le jeune de Saint-A•• & le Comte de Q•• tout proche de nous ; ils nous surprennent & s'éloignent sur le champ : je les vis rire ; mais avec si peu de modération, que peu s'en falut que je ne perdisse patience, & que je ne les brusquasse: je vous quittai. Lorsque je les approchai, de Q•• me montrait à Saint-A••. —Tiens, lui disait-il, examine un peu, mon cher Comte, la démarche compassée, l'air doucereux & mélancolique de ce mari, passionnément épris des appas ravissans, des charmes, des attraits, . . . de sa femme : elle mérite d'être aimée, j'en conviens : mais un mari ! on les mène par le nez, quand ils s'avisent d'être tendres : être le premier esclave de madame ! le beau titre ! fi ! un pareil homme devient d'une fadeur, qui le rend méprisable à tous ses amis—. J'eus la faiblesse de rougir d'un sentiment légitime. Saint-A•• prenait mon parti ; mais si faiblement, que ses bonnes raisons ne fesaient que glisser, auprès des mordans sarcasmes du terrible de Q••. Je craignis le ridicule ; & je sacrifiai mon bonheur à cette

crainte puſillanime. Votre douceur naturelle,
vos grâces, tout ce qui aurait dû vous faire
chérir, je le tournai contre vous : je me dé-
fiais de vos charmes, & j'abuſais de votre
ſoumiſſion. Voila mes crimes, les voila tous :
je n'en ai pas commis d'autres envers vous.
Madame la Comteſſe de T · · · veut bien ſe
charger de vous apprendre des choſes que vous
ne ſoupçonneriez pas——. Madame de J · · conjura ſon époux de ne ſonger qu'à rétablir ſa
ſanté. ——Tout ce que vous avez fait, était
juſte, lui diſait-elle : je l'oublie ; je l'avais
oublié pour toujours en arrivant auprès de
vous, pour ne me ſouvenir que de votre généroſité——.

L'homme ſage qui conduiſait tout ceci,
tranſporté de joie de les voir reconciliés,
les quitta, bien perſuadé que le voyage qu'il
avait propoſé à la Comteſſe avec Madame
de N · · devenait inutile. C'eſt ce que lui
confirma monſieur de J · · dès le lendemain,
en le priant, de la part de ſa jeune épouſe,
d'engager madame T · · · à ne pas différer la
viſite dont elle avait promis de l'honorer.
Henriette vint. Elle acheva ce que le Comte avait commencé.

Il fut très-facile à madame de T · · · de
s'apercevoir qu'on pouvait compter ſur les
diſpoſitions de Juliette. Elle ne crut pas
qu'il y eût de l'imprudence à ſe rendre ſitôt
aux ſollicitations d'un mari, qui la preſſait
de détromper ſon épouſe à ſon ſujet. La

Comtesse de T··· mit cette jeune Dame au fait de tout ce qui regardait Luce ; la conduite de la fille de Nishard justifiait celle de monsieur de J···. Elle lui parla même du domestique chargé des billets pour le Marquis ; elle la félicita d'être si véritablement aimée de ses gens. Juliette rougit : elle baissa les yeux, & garda quelque temps le silence. Ensuite se levant avec vivacité, elle vint embrasser sa nouvelle amie, en la priant de faire paraître Luce devant elle. La Comtesse de T··· l'envoya chercher. Cette fille était presque rétablie ; en entrant, elle se jeta au piéds de sa maîtresse, & la conjura de ne pas la haïr. Juliette lui tendit la main ; & sur-le-champ, elle lui dit de se coîfer. Il est impossible d'exprimer quelle fut la joie de la jeune fille ; elle éclatait en mille manières : Henriette s'aperçut qu'elle approchait quelquefois de sa bouche les beaux cheveux de madame de J··, & qu'elle les baisait. Elle en avertit la jeune Comtesse ; qui, sensible, autant qu'on le peut être, à la douceur d'être aimée, dit à Luce : —Je vous aimais ; à présent, je vous estime, ma chère Luce, je vous honore : je vous le dis, parce que je fais bien que vous n'en abuserez pas——. En même-temps elle la baisa. Luce pensa mourir de plaisir. Les mains lui tremblaient, de sorte qu'elle put achever à peine l'ouvrage qu'elle avait commencé.

Henriette, la vertueuse Henriette qui ne

s'était d'abord proposé que de réparer les ravages que la paffion du Marquis avait faits
dans le cœur d'une femme digne d'être vertueufe , devint l'amie de madame de J · · ,
qui s'était oubliée : elle crut même dans la
fuite pouvoir lui faire connaître Hélène , &
Juliette mérita d'être la compagne de deux
femmes auffi eftimables. C'eft ainfi que monfieur & madame de T · · · n'épargnèrent rien
pour effacer jufqu'aux traces du dérèglement
de leur fils ; & peut-être font-ils encore les
feuls parens qui fe foient acquittés d'un devoir que la Religion & l'humanité rendent
indifpenfable. Le Comte de J · · vit fuccéder
un calme heureux à la violente bourafque
qui avait été fur-le-point de tout détruire.
Il adora fon époufe , en dépit de l'ufage ,
& fes tendres foins ne la trouvèrent pas toujours ingrate.

Il eft peu de femmes qui rentrent ainfi
dans le devoir. La docilité de Juliette était
le fruit d'une éducation raifonnable. On verra
par-la-fuite , qu'il était prefqu'impoffible
qu'une fille de la Barone d'E · · · fe perdît
tout-à-fait.

Mais fi les confeils d'Henriette , les égards
d'un mari , & les diftractions qu'une femme ne peut manquer de trouver dans le
gouvernement de fa maifon , procurèrent en
peu de tems à Juliette une fituation tranquille, il n'en fut pas de même du Marquis :
fon genre de vie n'était rien moins que propre

à lui rendre la raifon : s'il allait aux Spectacles, il n'y trouvait que des peintures qui r'ouvraient fa bleffure ; s'il voyait fes amis, leurs maximes étouffaient l'héroïfme de la vertu, & lui donnaient de lâches regrets. Ainfi le vide que le facrifice d'une première paffion laiffa dans fon cœur ne put fe remplir. Il fuyait fes parens, dont la préfence l'eût fait rougir, & fe privait lui_même des fecours qu'il eût pu tirer de leur tendreffe. Le Comte & la Comteffe de T··· fe prêtaient à cette faibleffe d'un cœur malade ; ils crurent devoir attendre que fon goût le ramenât auprès d'eux : ils favaient trop que c'était une condition néceffaire, pour que leurs avis euffent quelques fuccès. Il les fuyait : ils affectèrent de tenir la même conduite ; ils ne permirent pas à leur Niéce de voir fon Coufin, & la jeune Hélène, pour leur plaire, réfifta à l'envie qu'elle en avait, & qui, fans doute, lui eût fait vaincre fa fierté, bleffée par l'indifférence du Marquis. Mais revenons à la Comteffe de J··.

Les entretiens que madame de T··· eut avec cette Dame, lui firent trouver tant de goût dans l'exercice de fes devoirs, qu'elle s'étonna d'avoir pu les violer. D'un autre côté, il femblait que la tendreffe qu'elle avait infpirée au jeune_homme le plus aimable, eût augmenté le prix de fes charmes aux yeux de fon mari, & lui eût ouvert les yeux fur tout ce qu'elle valait. Il ne rougit plus de montrer qu'il en était éperduement amoureux (*). La naiffance d'un fils , un an après leur reconciliation , refferra le lien qui les uniffait. Le cœur de la Comteffe de J·· fut rempli : cette âme active ne chercha plus au-dehors les objets de fon attachement, dès qu'elle trouva chez elle ce qu'elle pouvait aimer.

Mais le Marquis , livré à lui-même , parce qu'il fuyait tout le monde , las de plaifirs qui perdaient trop en les comparant à ceux de l'amour, aufquels il venait d'être forcé de re_ noncer , paffait les jours & les nuits à gémir, t regretter la flateufe illufion à laquelle on 'avait arraché. Il n'avait plus d'autre goût que elui de la folitude : il quitta Paris pour aller 'enfoncer dans une maifon ifolée , dont le naître qui était abfent , lui avait laiffé la dif-pofition. C'eft-là qu'il fe nourriffait de lar_

(*) *Il faut avouer, à la louange de nos mœurs actuelles , que le goût d'aimer fa femme revient un peu. Nos Poètes , ces chantres de l'inconftance & de la légereté , n'ont pas dé-daignés de célébrer les douceurs de l'union conjugale. Heu-reux , dit un des plus aimables ,*

Heureux qui des Mortels oubliant les chimères,
Poffède une compagne , un livre , un ami fûr,
Et vit indépendant fous le toît de fes pères !
Pour lui le ciel fe peint d'un éternel azur...

. . . .

Tardis que la veuve éplorée
Aux piéds des Tribunaux va porter fes clameurs,
Dans les embraffemens d'une époufe adorée ,
De la volupté feule il fent couler les pleurs.

M. Leonard.

mes & de regrets ; car la privation de l'objet qu'il adorait encore , était trop pénible , pour qu'il éprouvât des remords. Monfieur de T··· voulant voir à quoi s'occupait fon fils dans fa retraite , alla l'y trouver : lorfqu'il arriva le confident qui feul accompagnait le Marquis, lui indiqua l'endroit d'un enclos de bois fort étendu , où cet Amant infortuné paffait une partie du jour; en ajoutant qu'il lui était défendu d'introduire perfonne. Le Comte alla chercher fon fils. Il l'aperçut fous une efpèce de berceau groffièrement fait de branches rapprochées des arbres qu'on avait liées: il était affis fur un banc de gazon devant une table de pierre, fa tête appuyée fur fes mains : des larmes coulaient le long de fes joues : le Comte attendri, allait fe découvrir, tendre les bras à fon fils , & loin de le faire rougir de fa douleur, s'affliger avec lui, le plaindre , & porter au fond de fon âme l'efpérance du bonheur. Mais cet état tranquille fit place un inftant après aux accès du defefpoir : l'emportement, la fureur tariffent les larmes ; le Marquis accufe Juliette de légèreté, d'inconftance , de faibleffe : il croit la voir : il lui reproche qu'elle n'eft qu'une femme ordinaire. Le Comte changea de réfolution ; il vit qu'il n'était pas temps de parler: l'état du Marquis lui parut plus dangereux qu'il ne l'eût penfé ; mais il fe retira, en défendant à l'homme-de-confiance de dire qu'il fût venu (il le connaiffait affez pour être fûr qu'il ferait obéi) en même temps qu'il lui ordonna d'ouvrir à ceux des amis de fon fils qu'il lui defigna : mais le Comte de Q·· fut nommément excepté.

A fon retour , monfieur de T··· indiqua la retraite du Marquis au jeune Comte de Saint-A·· , & bientôt il fut affailli de vifites & de plaifanteries fur fa retraite. Les ordres qu'avait donnés fon père lui firent connaître qu'il ne pouvait plus fe cacher ; il reçut fes amis , qui s'aperçurent affez de la trifteffe profonde dans laquelle il était plongé , mais qui n'en pénétrerent jamais la véritable caufe. Ils s'efforcèrent de l'en diftraire , en l'exhortant à fe répandre au-dehors comme autrefois. A peine les écoutait-il : ils l'entraînèrent. Mais ces parties bruyantes qui le charmaient auparavant , lui parurent infipides : fouvent au milieu des amufemens , il fe dérobait pour venir s'enfermer dans fa chambre ; il y rentrait plus ennuyé , plus mélancolique qu'il n'en était forti. Cependant ils ne fe découragèrent pas. Le Comte de T···, qui trouvait que fon fils devenait d'une humeur fauvage , & qu'il changeait à vue d'œil , craignant pour fa fanté , defira qu'il reprît quelque goût pour les plaifirs, quoiqu'il ne fe diffimulât pas le danger que courraient fes mœurs à revoir fes connaiffances : mais , comme le dit un Poète (*),

(*) *Tempore ducetur longo fortaffe cicatrix ;*
Horrent admotas vulnera cruda manus.
Ovid. I. de Pont, Eleg. 4.

la douleur la plus amère s'adoucit avec le temps ; c'eſt rarement par les premiers tranſports qu'on doit juger de ſa durée. Le Marquis ſe livra d'abord avec répugnance ; mais enfin , il ſe livra , & ſes amis , dès qu'il leur eut donné priſe , lui firent en peu de temps faire beaucoup de chemin.

La Comteſſe ſa mère bien aſſurée des diſpoſitions de Juſtine Niſhard , par le témoignage qu'en rendait la ſœur Sainte-Th···, & mademoiſelle de T··· elle-même, l'avait priſe chez elle : on obſerva ſoigneuſement de quel œil le Marquis reverrait une fille très-jolie qu'il avait aimée , & l'on s'aperçut que c'était avec une parfaite indifférence. Dans cet état , du dédain & de la tiédeur , rarement les mœurs ſont pures : le Marquis en fit la triſte expérience : d'abord ſes amis en profitèrent pour le reporter dans le tourbillon des diſſipations , d'où ſa paſſion l'avait tiré ; enſuite le goût du plaiſir qui revint inſenſiblement , & la crainte d'un engagement dont les ſuites l'épouvantaient , lui firent chercher à jouïr ſans intéreſſer ſon cœur & ſans s'attacher.

Déterminé à ſuivre ce plan , le Marquis jeta les yeux ſur toutes les claſſes des complaiſantes qui peuplent la Capitale : les divinités de couliſſe le tentèrent beaucoup , mais il ſentit qu'une intrigue avec quelqu'une d'entrelles ne manquerait pas d'être ſue dans le monde , & de parvenir juſqu'à ſes

parens :

parens : ces filles d'ailleurs lui parurent, ou trop indécentes & peu faites pour sentir, ou trop dangereuses si elles avaient de la délicatesse. Les autres ordres de femmes galantes le rebutèrent d'abord ; mais il ne tarda pas à se contenter d'une volupté variée, que la succession des objets ranimait toujours. Voila donc le Marquis de T··· au rang de ces débauchés tranquilles, libertins avec prudence, dans quî la bonté du cœur se tourne en de coupables égards pour de viles créatures, qu'on encourage dans le vice par la considération même qu'on leur montre. Beau, bienfait, libéral, le Marquis fut accueilli par ces femmes ; à-peine s'apercevait-il de ce qu'elles étaient ; elles ne paraissaient pour lui que de tendres amantes, souvent emportées, & toujours complaisantes à toute épreuve. Mais il sortit bientôt de sa léthargie ; les fruits amèrs du dérèglement se manifestèrent : honteux, desespéré d'une avilissante corruption, le Marquis retourna dans sa retraite, pour y réparer sa faute, & dérober son ignominie à tous les yeux.

Cependant mademoiselle de T··· était sortie du couvent, & son Cousin ne l'avait pas encore revue. Durant quelques jours, absorbé dans sa douleur, il ne s'était point montre chés sa mère : quand il était sorti de sa chambre, la Comtesse venait de faire inoculer Hélène ; & n'aurait pas manqué d'éloigner le Marquis de celle de sa Nièce, s'il s'y fût préfenté de lui - même : lorfqu'enfuite il alla dans la folitude, & que, par les ordres de fon père, fes amis purent s'emparer de lui, ce fut pour tout le jour, deforte qu'ils lui laiffaient à-peine le temps de penfer qu'il avait des parens qui l'aimaient. Enfin la honte dont il venait de fe couvrir à fes propres yeux, l'obligea de fe cacher longtemps. Revenu chés fon père (qui n'ignorait aucune de fes nouvelles démarches, & qui, dans le fecret, avait procuré à fon fils l'homme le plus habile & les fecours les plus efficaces) il voulut réparer des torts qu'il fentait. Mais outre que fa paffion pour Juliette l'avait accoutumé à penfer à fa Coufine avec indifférence, il eut l'injuftice de craire qu'elle le haïffait, puifqu'elle ne pouvait manquer d'être inftruite de fes égaremens ; il redouta la préfence de la plus aimable & de la plus indulgente des filles (*) ; il l'évita, que dis-je ? il courut après de nouvelles chimères de bonheur, & l'illufion des fens le féduifit encore.

Il y avait alors un Théâtre où l'on exerçait de jeunes Enfans : le Marquis, dont le goût avait toujours été folide, dédaignait ces co-

____

(*) Le Marquis, encore fans expérience, ignorait que les difpofitions des deux fexes font là-deffus diamétralement oppofées : les hommes veulent une fille neuve, qui ait encore fon innocence native : les jeunes-perfonnes au contraire, préfèrent ordinairement un jeune-homme couru des femmes, & célèbre par fes avantures ; & cette manière de voir eft également dans la nature pour les deux fexes.

lifichets éphémères après lefquels court notre frivolité: mais un jour dévoré d'ennui, la tête faible encore, il voulut voir le Spectacle enfantin. Il en fut beaucoup plus fatisfait qu'il ne l'avait efpéré; & l'eût été bien davantage, s'il n'eût pas fouffert quelquefois à entendre fortir de bouches innocentes, de fales équivoques. A la dernière Pièce, des trois que l'on donnait, il vit une jeune-perfonne un peu plus âgée que fes compagnes, dont la figure le féduifit. Après le Spectacle, il defcendit à la loge de la jeune Actrice, qu'il trouva avec fa mère: il lui fit des complimens flateurs fur fon jeu, fur fa figure. Enfuite ayant pris la mère en particulier, il lui fit des propofitions fi avantageufes, qu'elles furent acceptées. La jeune Adrienne (c'eft le nom de cette fille) avait quatorze ans: elle était brune, avait l'œil noir & vif, était plutôt belle que jolie, & femblait faite pour l'amour & la fidélité. Aucun Adorateur n'avait encore réuffi auprès d'elle. Si le Marquis fut enchanté de fes manières, de fa modeftie, de fa douceur, il ne fit pas une impreffion moins vive fur la jeune-perfonne; fa faibleffe, qui modérait la vivacité de fes regards, lui donnait un air plus tendre & plus perfuafif. On s'arrangea; & depuis ce moment, le Marquis paffait auprès d'Adrienne les journées entières.

La fatisfaction qu'il goûtait auprès de fa jeune maitreffe, contribua fans doute au rétabliffement de fa fanté; car fon cœur était fait pour aimer, & le vide de l'indifférence était le poison de sa vie. Monsieur de T··· fut peu surpris de cette nouvelle passion, & ne s'en affligea pas; il ne redoutait rien d'une jeune innocente, qui pouvait aimer, mais non séduire, & que son état éloignait trop du Marquis, pour craindre les suites d'un fol attachement. Il eut soin seulement de pressentir la mère d'Adrienne, qu'il trouva telle qu'il l'avait appréhendé. Ce fut alors qu'il crut devoir recourir aux conseils de son Épouse : il lui avait caché les derniers déportemens de leur fils, parce qu'ils l'eussent vainement affligée; mais il lui découvrit son intrigue actuelle, bien moins odieuse. Ensuite il lui fit part d'un projet qu'il venait de former. Adrienne avait une sœur, nommée Sophie : le Comte avait résolu d'aller demander cette enfant à sa mère, & de l'engager, moyennant une forte pension, à se mettre avec elle dans le couvent de la Sœur Sainte-Th····. Par ce moyen le Marquis devait rester seul avec Adrienne. La Comtesse y consentit, & fut persuadée que c'était le moyen de sauver la cadette, & d'empêcher que la corrution de la mère ne se communiquât à l'aînée. Tout cela s'exécuta : le Comte, rougissant du personnage que l'amour paternel l'obligeait de faire, demande sous un nom supposé, à entretenir la jeune Sophie, l'obtient, la place avec sa mère sous la conduite de la Sœur Sainte : Th····, que la Comtesse mit au fait, & que des ordres supérieurs rendaient maitresse absolue de l'éducation de Sophie. Ensuite, en se cachant soigneusement du Marquis, il loue une pièce à côté de l'appartement d'Adrienne, y vient tous les jours, choisit lui-même la Gouvernante que la mère donnait à sa fille aînée ; enfin il prit tous les moyens possibles de prévenir le mal, sans le défendre.

Quinze jours s'écoulèrent de la sorte. La Gouvernante ne quittait pas sa jeune pupille, & rendait compte à monsieur de T··· de tout ce qui se passait. Il apprit par elle qu'Adrienne aimait éperdûment le Marquis ; qu'elle ne pouvait vivre une heure sans lui ; que cependant il n'avait encore rien entrepris contre son innocence : cette femme ajouta que de son côté, elle tâchait d'inspirer à le jeune-personne des sentimens de réserve ; & qu'elle y avait réussi, en lui fesant entendre que c'était le moyen d'être plus aimée ; que cependant elle ne prévoyait pas qu'elle pût lui faire éviter sa chute, si le Marquis entreprenait quelque chose. D'après ces lumières, le Comte fit agir la Gouvernante auprès de son fils, avec tant de bonheur qu'elle excita sa générosité : elle lui représenta la jeunesse & la beauté d'Adrienne, la tendresse même que cette aimable enfant avait pour lui ; elle lui fit envisager, que s'il ouvrait l'abîme du desordre sous les pas de cette jeune-fille, il ne ferait plus le maître de l'empêcher de s'y plonger. ——Eh! quels remords, lui dit-elle avec force, fe prépare un honnête-homme, lorfque dans la fuite de fa vie, il voit dans la fange, & dans la mifère qui en eft la fuite inévitable, une infortunée à laquelle il a frayé le chemin du vice! Récompenfez, monfieur, d'une manière plus digne de vos principes & de votre naiffance, les fentimens qu'Adrienne a pour vous; arrachez-la aux dangers qu'elle court dans fa condition; faites-en une femme honnête, qui toute fa vie vous béniffe de lui avoir confervé fa vertu—. Elle ajouta beaucoup d'autres chofes, qui touchèrent le Marquis, & lui firent prendre la réfolution fincère de refpecter Adrienne, de l'ôter du Théâtre, & de la marier au bout de quelques années.

Mais que les réfolutions pour le bien font faibles, lorfque le goût du plaifir les contrarie! A peine échappé d'un péril, il retombe dans un autre. Le Marquis venait de faire un facrifice à la vertu Il en reffentait une fatisfaction douce & pure; fon âme était dans une affiète paifible: fi dans ce moment il eût revu la touchante Hélène, il n'en faut pas douter, fes égaremens étaient finis. Mais il ne la vit pas: le Comte lui-même en empêchait, & voulait auparavant favoir quelle route fon fils allait prendre de lui-même. ——Dès qu'une fois l'on s'eft jeté dans les plaifirs que le vice procure, difait-il à la Comteffe, il faut s'en laffer, finon vous leur prêtez des charmes qu'ils n'ont pas——. Le jeune de T··· eſt donc encore à lui-même ; le bruit l'excède ; il ne veut plus qu'un ou deux amis : il les cherche , & choiſit Saint-A·· & de Q··: l'un eſt honnête, diſcret ; l'autre a des ſaillies divertiſſantes , aime la bonne-chère , le vin & tous les plaiſirs ; c'eſt un vrai préſervatif contre la mélancolie. Depuis la perte du Juſtine , de Q·· a ſucceſſivement eu toutes les filles galantes en réputation de quelque beauté; enfin il vient de s'attacher à la F··, qui réunit à la plus ſéduiſante figure , une exceſſive facilité : c'était ce qu'il falait au Comte de Q··, accoutumé à ne pas ſoupirer longtemps Un jour le Marquis venait de quitter ſes deux amis & traverſait la rue *Sainthonoré* ; il aperçoit une jeune-fille , plus belle qu'une des Grâces , qui s'appuyait ſur l'épaule d'un enfant de dix à onze ans , qu'elle nommait ſon frère. Il fut vivement frappé des attraits de cette aimable perſonne, & lui remarquant une idée de rouge , il la crut une de ces infortunées. ..... Son cœur s'émut & s'intéreſſa pour elle ; la pitié qui s'accorde avec une paſſion naiſſante , eſt toujours vive. L'on était en décembre , les boutiques des Bijoutiers étaient bordées de caroſſes, & l'Opéra finiſſait ; un boulevaris effrayable de voitures & de Laquais embarraſſait la rue : cependant la jeune-fille , hardie juſqu'à la témérité , franchiſſait légèrement tous les obſtacles. Le Marquis ne la perdait pas de vue. En effet, il lui fut néceſſaire ; la petite étourdie s'étant imprudemment engagée entre plusieurs carosses, allait se trouver dans le plus grand danger, si le Marquis traversant par-dessus les siéges des Cochers, n'eût été l'enlever dans ses bras. Il dégagea le jeune frère de la même manière; ensuite il reçut les tendres remercîmens de l'aimable personne, qui s'exprima avec autant d'esprit que de politesse & d'aisance. Elle ne fit aucune difficulté de donner le bras à son libérateur, qui l'ayant accompagnée jusques chez elle, ne fut pas peu surpris de trouver qu'elle appartenait à des gens très-honnêtes, qui renchérirent encore sur la reconnaissance de leur fille. La mère sur-tout, qui était veuve, ne pouvait trouver d'expression; tantôt elle grondait sa fille d'un ton de tendresse qui pénétrait l'âme, & tantôt elle revenait au jeune-homme avec des sentimens de gratitude, d'une inquiétude obligeante qu'il ne se fût trop exposé, que son action ne l'eût trop fatigué, trop ému, que le Marquis naturellement sensible, se mit bientôt à l'unisson avec elle, & se rendit sans façon à la prière qu'on lui fit de souper avec eux.

Cependant les charmes de l'aimable Teneveht (c'est le nom de la jeune-fille, dont les parens, nobles d'origine, étaient peut-être étrangers) fesaient une impression toujours plus forte sur le Marquis; il lui trouva de la gaîté, de l'esprit, le ton du monde, toute la beauté d'Adrienne, & ce qui manquait à cette derniére, les talens, l'art d'amuſer, de ſéduire, de fixer. Dans le deſſein qu'il forma de cultiver cette connaiſſance, il ne fit pas difficulté de ſe nommer lorſqu'on l'en pria : ſa condition redoubla les attentions de la mère & de l'ayeule ; mais cet éclairciſſement parut faire ſur mademoiſelle Teneveht une impreſſion bien différente ; ſa gaîté l'abandonna ; le Marquis la vit rougir, & ſes yeux ſe fixèrent ſur le parquet ; mais tout cela ne fit que l'enflâmer davantage. En ſortant, le Marquis demanda permiſſion de rendre quelques viſites, & s'en retourna, tout prêt à devenir, ou peut-être déja le plus amoureux de tous les hommes.

Le vendredi ſuivant, meſſieurs de Saint-A" & de Q" proposèrent au Marquis de voir l'Opéra : l'on donnait la ſeconde Repréſentation d'une Pièce médiocre, que ſoutenait un Ballet épiſodique, digne du ſiècle d'Auguſte : un nouveau Pylade & un nouveau Bathylle exprimaient tour-à-tour l'amour, la crainte, les remords & la fureur : mais Athènes & Rome n'eurent jamais celles qui peignaient la tendreſſe & la jalouſie. Le Marquis arriva comme on levait la toile : ſes deux amis ne parurent qu'au ſecond Acte. En les attendant, il donna toute ſon attention à la Muſique, aux Paroles, aux Danſes. Quelle fut ſa ſurpriſe, lorſque parmi les jeunes Figurantes, il aperçut l'objet de ſon nouvel attachement,

---

(*) Deux Pantomimes fameux de l'ancienne Rome.

I.re Partie.   *H

plus belle, plus attraiyante qu'on ne saurait ſe la repréſenter! Son cœur palpita de plaiſir, l'eſpoir commença de s'y gliſſer, & les deſirs avec lui: tout venait de diſparaître pour le Marquis, il ne voit plus que ſa jeune amante; ſes grâces, ſa danſe qui les déploie, achèvent de porter dans ſes ſens l'ivreſſe & l'amour. Ses deux amis vinrent l'arracher à ſon enthouſiaſme, mais ils ne purent avoir ſon attention; le Ballet même ne l'intéreſſa que faiblement; le Marquis ne pouvait concevoir que le Héros eût des yeux pour une autre que la ſéduiſante Theneveht; tout ce qui n'eſt pas elle lui paraît inſipide. Enfin la Pièce s'achève: le Marquis diſtrait, rêveur, brûlant d'être ſeul, ſe montra de mauvaiſe-humeur; ſes amis le crurent retombé dans quelqu'accès de bile noire, & jugèrent devoir ſe rendre à la prière qu'il leur fit de le laiſſer.

Dès que le Marquis ſe vit libre il vole au Foyer; il y trouve ſon amante prête à ſortir. Il l'aborde de cet air modeſte qui craint de trop ôſer. Elle rougit en le voyant, mais le rire du plaiſir anima ſes traits. Le Marquis lui offre ſa main, & ils ſortent enſemble. Les premiers momens ſe paſſèrent dans le ſilence: le jeune de T··· nageait dans la volupté, lorſque l'aimable fille appuya ſon bras ſur le ſien. Et tout-à-coup ſortant comme d'une rêverie profonde: ——Je vous adore, mademoiiſelle, lui dit-il, conſentez à recevoir l'hommage du cœur le plus tendre, le plus conſtant, qui ſoupire après le bonheur d'aimer & de l'être, ſans l'avoir pu trouver encore auſſi pur qu'il le deſire. ——Ah!... répond la jeune-perſonne, ſi vous n'étiez pas... ——Que ſuis-je donc qui puiſſe vous déplaire? —Votre rang, votre nom, mon état... —Votre beauté, mon amour vous élèvent audeſſus de tout cela : conſentez à m'aimer, & je ſuis trop heureux. ——Y conſentir! dites-vous? jamais: c'eſt malgré moi, bien malgré moi, que je ne m'occupe plus que de vous. ——Et moi, je cherche ſans ceſſe à me retracer votre charmante image. ——Et moi, je voudrais éloigner la vôtre, vous oublier, ne vous avoir jamais vu... ——Et mon reſpect, ma tendreſſe ne feront pas changer cette prévention cruelle? ——Au plaiſir que je trouve à vous entendre, je le crains bien. Mais de-quoi vous ſerviront mes diſpoſitions? Ma mère & mon ayeule me chériſſent; elles me deſtinent au fils du meilleur de leurs amis, qui, comme moi, cultive l'art de la Danſe : une fortune capable de nous ſatisfaire, nous eſt réſervée par nos parens.. Mais j'ai perdu mon heureuſe indifférence? ——J'ai cru voir le bonheur me ſourire; j'ai cru trouver dans vos beaux yeux les ſignes de la félicité : je le vois, il faut y renoncer; je n'étais pas fait pour elle; épouſez mon rival. ——Jamais. —— Quoi! ne me dites-vous pas... ——Lorſque j'étais indifférente, je l'aurais épouſé: je ne le ſuis plus, il n'a rien à prétendre de moi——.

[180]

Ils arrivèrent comme elle achevait ces paroles. Le Marquis fut reçu comme la première fois. Je tairai ce qui suivit cette visite. Il
suffira de dire que les parens de la jeune Teneveht volurent accomplir le mariage proje-
té : leur fille ne temoignait aucune répugnance ; accoutumée à les respecter, elle ne l'eût
pas ôsé : mais la veille de la cérémonie, elle
disparut de leur maison. Le Marquis leur rendit une visite le soir, & les trouva dans la
plus grande inquiétude. A son retour chés ses
parens, on lui remit un Billet : le Marquis
l'ouvre, & voit avec surprise qu'il est de l'aimable Teneveht. Il ne contenait que la simple indication du lieu où elle l'attendait. Il
y vole, & la trouve noyée de larmes. Elle
lui dit qu'elle se jète entre ses bras ; que lui-
seul peut la sauver ; mais qu'il faut quitter la
France, où le Duc d'***, qui protége sa famille & qui veut le mariage proposé, ne
manquerait pas de la découvrir : elle ajouta
que cet homme était d'un caractère atroce, &
qu'il se vengerait d'une manière digne de la
noirceur de son âme. Le Marquis était au-
fait, & n'hésita pas un moment ; il va trouver le Comte de Q··, toujours prêt à servir ses
amis dans ces sortes d'avantures ; il lui confie
son embarras & son intrigue commençante.
Le zèlé de Q·· est d'avis de passer à Londres
sur-le-champ, & promet de donner à la jeune maitresse de son ami, un agréable compagne, pour l'aguerrir & la desennuyer. En-

porté par sa passion, que les larmes de son
Amante viennent de faire monter à son comble, le Marquis le laisse maître de tout dis-
poser. Deux heures après le Comte de Q** revient, annonce que tout est prêt, & qu'il faut
partir la nuit même; ajoutant que le Marquis
instruirait de son voyage le Comte & la Comtesse lorsqu'il ferait à Douvres. L'avis cavalier de monsieur de Q* fut suivi, si ce n'est
que monsieur de T*** enmena avec eux Desforets, son émule, fils de l'Intendant de son
père. Il se trouva deux chaises devant l'hôtel-
garni où la jolie Tenevebt s'était réfugiée;
dans l'une était la F**, maitresse du Comte de
Q**, qui fesait cette course comme une partie
de plaisir; l'autre était pour la fugitive & son
Amant. L'on part. Rien n'arriva dans le voyage qui soit digne de remarque.

Les deux couples sont à Londres. Le Marquis toujours modéré dans sa dépense vivait
avec l'aimable Tenevebt comme un mari raisonnable; l'excès était dans sa passion, mais
non dans une profusion mal-entendue. De
Q** au contraire, trahissait la F**, voyait toutes
les femmes qui lui plaisaient, & prodiguait
son argent : cette conduite lui attira quelques
desagrémens assez communs, que je ne rap-
porterai pas; ces digressions m'éloigneraient
trop de mon sujet. Un jour le Marquis étant
allé pour satisfaire à une dette d'honneur que
le Comte de Q*** avait contractée chés le
Duc de N**, ce Seigneur le reçut avec beau-

coup d'égards, & le retint à souper. Au milieu du repas, un domeſtique vint parler à
l'oreille de Mylord-Duc. Lorſqu'il ſe fut re-
tiré, monſieur de N·· dit au Marquis (qui ſe
feſait appeler à Londres le *Chevalier d'Ar-
fleur*) —Monſieur le Chevalier, vous allez
voir deux étranges perſonnages; ne décou-
vrez pas votre patrie devant eux, ce ſera m'o-
bliger—. Comme il achevait ces mots, les deux
frères parurent. Leur air féroce & des manières dures, annonçaient plutôt des Sauvages
que des Anglais. Le Marquis ne put ſe défendre, à leur aſpect, d'un mouvement d'horreur. Le Duc de N·· les engage à ſe mettre à
table: le vin, qui ne leur fut pas épargné,
dérida les deux farouches Bretons; ils plai-
ſantèrent groſſièrement. Mylord de N·· pro-
fita de ce qu'il nommait leur belle humeur,
pour leur parler d'un Priſonnier français,
qu'une bleſſure à la tête avait privé de la mémoire, & leur demander la grâce de cet infortuné, qu'ils traitaient cruellement(*). —Les
remèdes violens que nous avons employés
n'ont pu rappeler ſa raiſon, répondit l'un
d'eux; il n'a pas ſu nous dire encore ce qu'il

(*) On ſait la conduite généreuſe & magnanime qu'
ont tenue meſſieurs les Ducs de Norfolk, de Bethford,
& d'autres Lords en grand nombre, envers les Priſon-
niers français dans la dernière guerre. Monſieur de
Norfolk donna *ſix mille guinées*, pour les aider à vivre,
& le Duc de Bethford *trois mille* : voila de ces actions
dont l'Antiquité n'offre d'exemple que dans Alexandre
commençant & dans le vertueux Scipion.

eſt: mais que nous importe? n'eſt-il pas fran-çais? n'a-t-il pas tué lord Jeffery notre frère? Il ne ſaurait trop ſouffrir——. Le Duc de N·· eut horreur de ce langage barbare; mais il diſſimula, dans le deſſein de ſecourir un mal-heureux. Après quelques nouvelles raſades, il témoigna l'envie qu'il aurait de voir le Pri-ſonnier. Il fut pris au mot. ——Dès cette nuit, mylord, répondit l'aîné des deux frères, nous retournons à H··; il ne tient qu'à vous de nous accompagner: nous enmenons avec nous le plus habile Médecin des trois Royaumes, pour travailler à deux cures deſeſpérées, le cœur de la Ducheſſe d'Al··, & l'eſprit de ſon Priſonnier——. Effectivement ils avaient ré-ſolu d'employer les reſſources de la médeci-ne, non par humanité, mais afin de ſavoir ſur quelle tête, vile ou noble, ils exerçaient leur vengeance: ce fut l'indigne motif que la Ducheſſe, mère des deux frères, avoua quel-que temps après, en parlant au Marquis. Le Duc de N·· accepta la propoſition, & fit a-gréer que ſon convive les accompagnât. L'un des Lords le regarda: —Mais oui, s'écria t il, ce joli Docteur pourrait preſcrire un excel-lent *récipé* pour une de nos malades. On partit ſur-le-champ. En arrivant chés la Ducheſſe d'Al··, ils trouvèrent cette Dame occupée à faire punir un jeune Nègre, qui avait commis une faute aſſez légère: ce petit miſérable était attaché à deux poteaux, les bras étendus, & les jambes auſſi éloignées qu'elles pouvaient

l'être; un cocher vigoureux, armés d'étriviè-
res, dont les bouts étaient garnies de petites
pointes de fer, déchargeait de toutes ses forces des coups lentement comptés par sa maitresse : on en était au centième, & le patient
ne poussait plus que de longs & profonds
soupirs. Mylord de N··, indigné, rougit en
regardant le Marquis, fâché sans doute qu'il
fût témoin de cette scène: il prit le cocher par
le bras, & le poussa rudement loin de sa victime : ensuite s'avançant d'un air ouvert auprès de la Duchesse, il la pria de faire détacher ce malheureux, & d'ordonner qu'on lui
donnât quelque secours. ——Il devait avoir
deux-cens coups, répondit la Duchesse en
souriant; mais puisque vous le voulez, mon
cher parent, je remets le reste——. Elle appela son cocher, & lui donna tout-bas ses ordres. Monsieur de N·· présenta le Marquis
comme un étranger de la première distinction:
madame d'Al··· lui fit un accueil extrêmement
flateur, & dont il était loin de pénétrer le
motif. Le Duc de N··, qui la vit si bien
disposée, saisit ce moment pour demander,
le Prisonnier. ——Oh! vous êtes Français par
le cœur, lui dit madame d'Al···! quelle idée
de s'intéresser toujours pour tout ce qu'il y a
de vil——! Le Duc insista; le Marquis joignit
ses prières aux siennes, & l'on amena devant
eux un homme, ou plutôt un squélette dé-
charné, couvert d'habits mal-propres, qui
paraissait plongé dans une rêverie profonde.

Monsieur de N·· alla le prendre par la main: l'infortuné leva les yeux sur lui d'un air de douceur qui toucha vivement le Duc: monsieur de T··· s'étant approché, parla français au Prisonnier, qui ne put l'entendre sans verser des larmes : mais à toutes les questions que le Marquis lui fesait, il ne répondit que par des sanglots. Le sensible jeune-homme ne put retenir ses pleurs, & demanda à se charger de ce pauvre homme. ——Eh! qu'en ferez-vous, lui dit la Duchesse d'un ton radouci? gardez vos bienfaits pour des malheureux capables de les sentir——. Et sur-le-champ elle ordonna qu'on remenât le Prisonnier à sa loge. Le Duc de N·· & le Marquis ne le virent s'éloigner qu'à regret: mais remarquant sur le visage d'un vieillard qui lui servait de geolier, un air de commisération & d'honnêteté, ils résolurent de le sonder. Le lendemain, comme ils quittaient H··, ils entendirent dans une arrière-cour des cris douloureux : monsieur de N·· demanda ce que c'était. ——C'est, répondit lord Fulk (l'aîné des deux frères) le jeune Nègre qui achève de payer sa dette à ma mère. ——Mais, reprit le Duc, elle lui avait fait grâce? ——Grâce! ni la Duchesse ni nous n'en fesons jamais aux gens de cette espèce. Pauvre N··! elle a *remis*, & non pardonné : mylady d'Al··· est vraie; vous ne l'avez pas entendue——. Le Duc de N· se hâta de sortir. ——Oh les malheureux, s'écriait-il, plus à-plaindre mille fois que ceux qu'ils oppriment——!

Je vais abreger ce récit. Le jeune de T···, que le Prisonnier intéressait vivement, fit quelques jours après le voyage d'H·· avec le Comte de Q··: il pria la Duchesse de lui permettre de visiter le Français. Cette femme dont les mœurs étaient absolument débordées, lui montra des desseins sur son cœur, & lui fit entendre à quel prix elle accorderait sa demande. Par le conseil de son compagnon de voyage, le Marquis dissimula, résolu de la tromper. Mais ils ne savaient pas tous-deux à quelle femme ils ôsaient se jouer. Elle sut approfondir les dispositions de celui qui l'intéressait, connaître l'état de leurs affaires, & jusqu'au motif de leur voyage à Londres, l'intrigue du Marquis, &c. La jeune Teneveht fut sa victime. Le lendemain de cette visite, au retour d'une promenade que le Marquis & le Comte de Q· avaient faite du côté de Chelsea, ils apprirent de la F··qu'elles étaient sorties pour aller ensemble à Saintjames-parc, & qu'en revenant elles avaient été attaquées par des hommes qui, après avoir ouvert leurs chaises, avaient refermé celle de sa compagne, en ordonnant aux porteurs de retourner sur leurs pas; que pour elle, ils lui avaient enjoint, fort grossièrement, de continuer sa route. La F·· paraissait encore toute tremblante en fesant ce récit: mais que l'on juge de la douleur & des regrets du Marquis par sa sensibilité: ils allèrent jusqu'au délire; il se reprochait la perte d'une fille aimable, à laquelle fa connaiffance avait fait manquer un établiffement avantageux , & caufé une fuite d'imprudences & de malheurs : ces réflexions aigrirent fa peine , & prirent fur fa fanté , comme fur fa raifon : fans Desforets il eût attenté fur lui-même (ce jeune-homme rendait compte de tout à monfieur de T···, dont il recevait les ordres). Lorfque fon état fut fupportable , le Comte de Q·· lui fuggéra le deffein de fe venger de la Ducheffe , fur laquelle tombaient les foupçons de l'enlèvement de la jeune Françaife. Le Marquis voulut auparavant confulter le Duc de N·· fur les moyens de tirer le Prifonnier des mains de cette méchante femme. L'illuftre homme-de-bien s'y porta de tout fon pouvoir: ils cherchèrent à voir le vieillard Andrew , gardien du Prifonnier , qui leur avait paru honnête & fenfible ; mais ils apprirent que cet ancien domeftique , dont les d'Al··· fe défiaient , était gardé lui-même fans qu'il le fût , & que toutes fes démarches étaient prefcrites & fes pas comptés. Ce fut alors que , dédaignant une vengeance inutile , excité par la générofité de fon caractère , fe cachant de monfieur de Q··, & diffimulant avec le Duc de N·· lui-même , le Marquis réfolut d'aller trouver la Ducheffe d'Al···, de feindre de répondre à fa paffion , & d'en demander le prix. Les détours de cette femme lui firent connaître bientôt qu'il n'en obtiendrait jamais la fatisfaction qu'il defirait ; il fut obligé

[188]

de s'en tenir au ferment qu'elle lui fit, de n'avoir causé aucun mal à la jeune Tenevehr, & de l'affurance qu'elle n'était pas en fon pouvoir: à l'égard du Prifonnier, il exigea d'elle une promeffe qu'il ne ferait plus tourmenté ; qu'on le laifferait feûl, fous la conduite du vieillard Andrew, & qu'on lui permettrait de recevoir les confolations de l'Aumônier (*la Ducheffe était catholique, ainfi que toute la maifon de N·· dont elle fortait*). Ces conditions furent acceptées : mais le Marquis ne fe fiait pas tellement à la Ducheffe, qu'il ne prît d'ailleurs des précautions. Par le moyen du Duc de N··, il fit mettre fous la protection du Gouvernement & la jeune Françaife, fi elle fe retrouvait, & le Prifonnier inconnu, & le vieux Andrew lui-même. Ce fecours arrivait à-propos pour le Prifonnier ; car les ordres de s'en défaire étaient donnés ; la feinte paffion du Marquis fit fufpendre le coup ; & l'on verra dans la fuite, comment le Vieillard Andrew fut heureufement en profiter pour tromper la barbarie des d'Al···. Cependant le jeune de T··· témoin de leur conduite fecrette, fentit naître dans fon cœur le dégoût du vice, que fes hôtes lui montraient dans toute fa laideur. De Q·· lui-même, qui vint le trouver au château d'H··, ne put leur diffimuler qu'il était révolté de l'affaifonnement qu'ils donnaient à leurs plaifirs : il entreprit de les initier dans l'art de farder le vice, art fi perfectionné dans la Capitale de la

France; la F·· voulut auffi fe mêler de les former : mais tout le fruit qu'ils tirèrent de leurs leçons, c'eft qu'un foir la jolie Inftitutrice fut infultée par lord Jafpard le plus jeune des deux frères : ce qui les brouilla avec de Q··, qui fortit d'H·· à l'heure même ainfi que fa maitreffe. Le Marquis les fuivit le lendemain, après avoir fait entendre à la Ducheffe qu'il ne pouvait avec décence abandonner fon ami. Dans la vérité, ne voyant plus aucun moyen de délivrer fa jeune Amante, & de fervir le Prifonnier, parce que la vieille Ducheffe était impénétrable au fujet de la première, il fut charmé d'avoir occafion de s'éloigner de cette Furie. Mais avant de quitter l'Angleterre, il laiffa tout l'argent dont il put fe priver entre les mains du Duc de N··, pour le faire remettre fecretement au vieillard Andrew. Ce Seigneur embraffa avec zèle l'occafion de fervir les malheureux; & cette fomme fut effectivement d'un grand fecours au Prifonnier.

Enfin le Marquis revint en France, accablé de la perte d'une jeune-perfonne qu'il adorait, haïffant le vice, fe déteftant lui-même. Il rompit prefqu'entièrement avec le Comte de Q··, après une Lettre du Duc de N··, qui lui fit foupçonner qu'un diamant que la F·· tenait de mylady d'Al···, pouvait bien être le prix d'une trahifon. Cette Lettre contenait d'autres détails, tels que la furprife de la Ducheffe, en recevant la nouvelle de fon

départ ; Que les d'Al⸳⸳⸳ croyaient leur Prifonnier mort, mais qu'il favait du bon-homme
Andrew qu'il était vivant ; & que les foins
du Docteur Townfhend dont on déguifait
les fuccès aux d'Al⸳⸳⸳, n'avaient pas été fans
effet pour le rétabliffement de fa mémoire ;
que la dernière fois que le Vieillard avait
vu l'infortuné Captif, il prononçait un nom
qui commençait par *Tév* ⸳⸳, & répétait ces
mots français : *Puiffe ma fille le reconnaître !*
Une idée vint alors au Marquis, que ce pouvait être le père de fa jeune maîtreffe, cru
mort à Londres prifonnier de guerre. Mais
la vérité doit un jour fe découvrir. Paffons à
des évènemens plus heureux.

Monfieur de T⸳⸳⸳ ne tarda pas à s'apercevoir que fon fils avait changé de conduite,
depuis fon retour de Londres : il en avertit
la Comteffe ; & tous deux réfolurent de profiter de la crife douloureufe qu'occafionnait
le malheur d'un objet adoré, pour effayer
le pouvoir de la beauté d'Hélène. En conféquence, le Comte, qui n'avait chés lui que
des perfonnes dont il était fûr, donna fes ordres pour éloigner du Marquis toutes fes connaiffances, en même-temps qu'il employait
d'autres refforts pour le retenir à la maifon.
Les moyens dont il fe fervit, furent un accueil obligeant, des entretiens affectueux,
des queftions fur l'Angleterre, faites comme
s'il eût approuvé ce voyage ; les agrémens
d'une fociété gaie & bien choifie. O Jeunes-
gens, lorfqu'un père fage, une tendre mère

emploieront cette digne & louable conduite, n'y soyez pas infenfibles !.... Mais auparavant d'en fuivre les effets, je reprens l'hiftoire du Marquis.

Le troifième jour de fon arrivée, il fe trouva feul : par l'ordre du Comte, Juftine paffa dans fon appartement , pour s'informer de fa fanté de la part d'Hélène. Le Marquis rougit de fe voir prévenu : il répondit , qu'il aurait l'honneur d'aller faluer mademoifelle de T···. ——Elle eft chez Madame , lui dit Juftine en fortant——. Auffitôt le Marquis s'y rendit , pour leur faire fes excufes. C'était-là qu'il devait trouver ce que l'univers entier ne lui pouvait offrir. En voyant fa belle Coufine, dont il était éloigné depuis plufieurs années , il ne put diffimuler fa furprife ; on le vit treffaillir. Mademoifelle de T···, dans un négligé lefte qui deffinait parfaitement fa taille , ne pouvait qu'exciter l'admiration & les defirs : ajoutez que l'émotion d'une gorge à-peine marquée , laiffait voir la vive impreffion que la préfence de fon Coufin fefait fur fon jeune cœur , fur ce cœur fenfible autant qu'il était innocent & pur. Les yeux du Marquis fe fixent avidement fur elle ; il oublie ce qu'il doit dire. Hélène , auffi troublée que lui , fe lève , fait quelques pas , & s'arrête en rougiffant. Aucun de fes mouvemens n'échappe au jeune homme ; il eft ébloui : la Beauté même eft moins touchante qu'Hélène ; c'eft ainfi qu'euffent marché les

Grâces ; comme Hélène, elles auraient ce cou dégagé semblable à celui des colombes; cet air modeste & content ; ce regard timide & doux... Le Marquis s'efforce pourtant de se remettre, & balbutie d'un air troublé un compliment fort court à sa mère, ne dit à sa Cousine que quelques mots polis, mais vides de sens, & s'en-va.

La jeune & naïve Hélène ne comprit rien à l'embarras du Marquis : mais la Comtesse en fut frappée ; il s'était troublé ; sa rougeur l'avait trahi ; ses regards avaient exprimé l'admiration. O Dieu ! pensait-elle, si son cœur est touché pour mon aimable fille, daignez le rendre digne d'elle !

Fin de la première Partie.

9 782329 588070